작심3일 10번으로 영어 끝내기

기초

랭기지플러스

# 왜 작심삼일인가?

세상에 계획을 안 세우거나 못 세우는 사람은 없다.
올 여름엔 다이어트를 해야지, 영어를 꼭 마스터해야지,
올해엔 책 좀 많이 읽어야지….
이번에는 꼭 해야지! 이번만큼은 기필코 해야지!
다짐하고 또 다짐하지만 마음먹은 일을 끝까지 해내는
사람은 정작 드물다.
오죽하면 작심삼일이라는 사자성어까지 있지 않은가.

나는 왜 3일을 넘기지 못하는지 자책도 해 보지만
작심삼일이면 또 어떤가?
비록 3일 만에 끝나는 작심이라도
아예 시작도 안 하는 것보다는 훨씬 낫지 않은가?
우선 3일, 일단 시작이라도 해 보자.

> **작심 1단계** 작심삼일이라도 좋다. 일단 작심하자.
> **작심 2단계** 딱 3일만 목표에 집중하고 그다음은 쉬자.
> **작심 3단계** 딱 10번만 작심하자.

딱 3일씩 10번만 작심해 보자.
언젠가 포기했던 영어 끝내기의 길이 열리도록.

한국인의 풀리지 않는 영원한 숙제 '영어'. 익숙하기도 하고, 많이 배우기도 했는데 왜 영어만 쓰려고 하면 당황스럽고 울렁거리는 걸까요? 큰맘 먹고 다시 한 번 정리해보고자 펼친 영어 책은 또 왜 이렇게 어렵고 복잡하기만 할까요? 여러분들의 이런 고민과 부담을 해결해 드리고 싶은 작은 소망을 담아《작심3일 10번으로 영어 끝내기》를 집필하게 되었습니다. 영어 공부에 있어서 문법은 가볍게라도 반드시 정리하고 넘어가야 할 부분입니다. 본 교재는 여러분들이 영문법을 보다 쉽고 간편하게 훑어보면서 기초 영어의 한 단계를 뛰어 넘을 수 있도록 구성했습니다. 작심삼일을 열 번만 해보자는 마음가짐으로 가볍게 시작해 보세요. 지금 당장 외국에서 사용해도 손색이 없도록 구성된 실용적인 예문은 영어 공부를 한층 더 보람되게 해 주리라 생각합니다. 이 책을 끝내고 영어 학습의 한 고비를 넘길 여러분을 응원합니다.

저자 박지은

이 책의 구성과 특징

영어 공부가 쉽고 재미있어지도록 포인트만 딱 짚은 쉽고 간결한 설명과 실생활에서 바로 사용할 수 있는 예문으로 구성하였습니다. 딱 3일만 해보자는 마음으로 책을 펼쳐 문법 사항을 하나하나씩 정리하며 영어의 기초를 쌓아 보세요. 학습한 문법은 머릿속에만 머물게 두지 마시고 예문과 다양한 연습 문제를 통해 입 밖으로 나오게 만드시길 바랍니다. 작심삼일로 끝나곤 했던 영어 공부, 이제 포기하지 마세요!

be동사란?

be동사는 **주어의 상태**를 나타내는 동사로 '~**이다**', '~**에 있다**'라고 해석해요. 그래서 be동사 뒤에는 주어의 **신분, 기분, 느낌, 직업, 위치**를 나타내는 말을 써요. be동사를 공부할 때는 be동사 모양이 어떻게 바뀌는지 눈여겨보세요! 그럼 본격적으로 be동사를 위한 작심삼일을 시작해볼까요?

어떤 문법이든 3일에 정리할 수 있도록 구성!

기초 문법을 3일에 한 가지씩 끝낼 수 있도록 구성하였습니다.

Day 1 be동사의 모양

Day 2 be동사의 뜻

Day 3 부정문, 의문문

★ **sisabooks.com에 들어가시면 무료로 음성 강의를 들으실 수 있습니다.**
  sisabooks.com 접속 → '랭기지플러스' 클릭 후 로그인 → 상단의 'MP3도서' 클릭 →
  도서 목록에서 '작심3일 10번으로 영어 끝내기' 클릭

1 중요한 사항만 간결하게
짚어주는 **핵심 포인트**

Day 1 be동사의 모양

1 핵심 포인트

be동사는 주어에 따라 모양이 달라집니다. 주어에 맞는 be동사를 익히는
것이 오늘의 포인트! be동사의 다양한 모양을 살펴볼까요?

주어		be동사
I 나	+	am
You 너, 너희들	+	are
She / He / It / Jane / A tree 그녀 / 그 / 그것 / 제인 / 나무 한 그루 (3인칭 단수는 나와 너를 제외한 단, 한 명의 주어)	+	is
They / We / My friends 그들, 그것들 / 우리들 / 내 친구들 (여러 개, 여러 명의 주어)	+	are

Tip be동사를 간단히 줄여서 쓰는 방법
· I am → I'm   · You are → You're
· They are / We are → They're / We're
· He is / She is / It is → He's / She's / It's

2 배운 문법이 바로 말이 될 수
있게 만들어주는 **문장으로
익히기**

2 문장으로 익히기

주어와 be동사의 모양을 잘 살펴보면서 응용 문장을 읽어 보세요.

I am Paul. 저는 폴이라고 해요.

You are smart. 너는 똑똑하구나.

She is tall. 그녀는 키가 커요.

He is so busy. 그는 매우 바빠요.

It is too expensive. 너무 비싸요.

I am at home. 저는 집에 있어요.

They are lucky. 그들은 운이 좋아요.

You are right. 네 말이 맞아.

I am sorry. 미안해요.

We are hungry. 우리는 배가 고파요.

> 원어민의 생생 발음이
> 궁금하다면 QR 코드를
> 찍어 들어보세요!

smart 똑똑한 | tall 키가 큰 | busy 바쁜 | too 너무 (~한) | expensive 비싼
| at home 집에 | lucky 운이 좋은 | right 맞는, 옳은 | hungry 배고픈

3 배운 문법을 확실히 내 것으로
만들어주는 **확인 문제**

3 확인 문제

다음 빈칸에 알맞은 be동사를 넣어 보세요.

❶ I _____ Paul. 저는 폴이라고 해요.

❷ They _____ lucky. 그들은 운이 좋아요.

❸ He _____ so busy. 그는 매우 바빠요.

❹ I _____ at home. 저는 집에 있어요.

❺ We _____ hungry. 우리는 배가 고파요.

❻ She _____ tall. 그녀는 키가 커요.

❼ You _____ smart. 너는 똑똑하구나.

❽ It _____ too expensive. 너무 비싸요.

❾ I _____ sorry. 미안해요.

❿ You _____ right. 내 말이 맞아.

4 다시 한 번 정리하고 넘어가는
한 번 더 확인

4 한번 더 확인

★	be동사의 모양	★
I	+	am
You	+	are
3인칭 단수 주어 (She, He, It)	+	is
복수 주어 (We, They)	+	are

배운 내용을 확인해 볼까요? 다음 문장을 영어로 말해 보세요.

1 너무 비싸요.

2 미안해요.

3 내 말이 맞아.

목차

나의 학습 체크리스트 ✧

	Day 1	Day 2	Day 3
★ 첫 번째 작심삼일	· · · · · · ☐ _____ ☐ _____	· · · · · · ☐ _____ ☐ _____	· · · · · · ☐ _____ ☐ _____
★ 두 번째 작심삼일	· · · · · · ☐ _____ ☐ _____	· · · · · · ☐ _____ ☐ _____	· · · · · · ☐ _____ ☐ _____
★ 세 번째 작심삼일	· · · · · · ☐ _____ ☐ _____	· · · · · · ☐ _____ ☐ _____	· · · · · · ☐ _____ ☐ _____
★ 네 번째 작심삼일	· · · · · · ☐ _____ ☐ _____	· · · · · · ☐ _____ ☐ _____	· · · · · · ☐ _____ ☐ _____
★ 다섯 번째 작심삼일	· · · · · · ☐ _____ ☐ _____	· · · · · · ☐ _____ ☐ _____	· · · · · · ☐ _____ ☐ _____

예시와 같이 학습한 내용을
간단히 적어 체크리스트를 완성해 보세요.

	Day 1	Day 2	Day 3
★ 여섯 번째 작심삼일	· · · · · · ☐ _____ ☐ _____	· · · · · · ☐ _____ ☐ _____	· · · · · · ☐ _____ ☐ _____
★ 일곱 번째 작심삼일	· · · · · · ☐ _____ ☐ _____	· · · · · · ☐ _____ ☐ _____	· · · · · · ☐ _____ ☐ _____
★ 여덟 번째 작심삼일	· · · · · · ☐ _____ ☐ _____	· · · · · · ☐ _____ ☐ _____	· · · · · · ☐ _____ ☐ _____
★ 아홉 번째 작심삼일	· · · · · · ☐ _____ ☐ _____	· · · · · · ☐ _____ ☐ _____	· · · · · · ☐ _____ ☐ _____
★ 열 번째 작심삼일	· · · · · · ☐ _____ ☐ _____	· · · · · · ☐ _____ ☐ _____	· · · · · · ☐ _____ ☐ _____

영어를 공부한다면

꼭! 알고 넘어가야 할

다섯 가지!

🔳 품사가 뭐예요? ✨

★ 명사
사람과 사물의 이름을 나타내는
단어
apple 사과, teacher 선생님,
book 책, love 사랑

★ 동사
동작이나 상태를 나타내는 단어
am, are, is ~이다, ~에 있다,
eat 먹다, think 생각하다,
stay 머무르다

★ 부사
동사, 형용사, 부사, 문장 전체를
꾸며 주는 단어
very 매우, slowly 천천히,
always 항상

★ 접속사
단어와 단어, 구절과 구절, 문장
과 문장을 연결하는 단어
and 그리고, or 또는,
because ~때문에

★ 대명사
명사를 대신하는 단어
he 그, she 그녀, they 그들,
this 이것, that 저것, it 그것

★ 형용사
명사를 꾸며 주는 단어
beautiful 아름다운, delicious
맛있는, happy 행복한

★ 전치사
명사 앞에 써서 장소, 시간, 방
향, 수단 등을 나타내는 단어
at ~에, with ~와, by ~까지

★ 감탄사
감정을 나타내는 단어
Oh 오, Wow 우와

2 문장은 어떻게 구성해요? ✨

- **주어**: 문장의 주체가 되는 말
- **동사**: 주어의 동작이나 상태를 나타내는 말
- **목적어**: 동작의 대상이 되는 말
- **보어**: 주어와 목적어를 보충해 주는 말
- **수식어(구)**: 다른 문장 구성 요소들을 꾸며 주는 말

위의 요소로 다섯 가지 형태의 문장을 만들 수 있어요. 문장의 형태는 동사가 결정한다는 점, 꼭 기억하세요!

주어	+	동사	(+	수식어	)
I		work		here	
나는		일한다		여기서	

주어	+	동사	+	목적어	(+	수식어	)
I		drink		coffee		every day	
나는		마신다		커피를		매일	

주어	+	동사	+	보어	(+	수식어	)
I		am		tired		today	
나는		~이다		피곤한		오늘	

주어	+	동사	+	목적어 1	+	목적어 2	(+	수식어	)
I		sent		him		a letter		yesterday	
나는		보냈다		그에게		편지를		어제	

주어	+	동사	+	목적어	+	보어	(+	수식어	)
I		told		her		to stay		there	
나는		말했다		그녀에게		머물라고		그곳에	

3 우리말과 어순이 어떻게 달라요? ✦✦

영어와 우리말은 동사의 위치가 다르다!

영어로 문장을 만들 때 우리말과 가장 큰 차이는 동사의 위치예요. 우리말
은 동사가 문장의 제일 끝에 위치하지만, 영어는 주어 바로 다음에 동사를
쓰고 그 뒤로 부족한 말을 채워나가는 특징을 가지고 있어요.

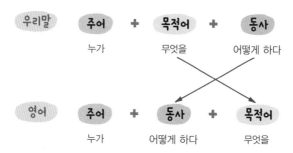

다음의 예문을 통해 우리말과 영어의 차이를 느껴 보세요.

4 영어는 이름을 반복해서 부르지 않나요? ✦

> ## 영어에서는 인칭 대명사를 사용한다!

영어는 앞에서 한 번 언급한 이름을 다시 부르지 않습니다.

> **Paul**, **Jane** and I are schoolmates. **Paul** is from America and **Jane** is from France. **Paul** and **Jane** live in Seoul.
> 폴과 제인 그리고 나는 학교 친구야. 폴은 미국에서 왔고 제인은 프랑스에서 왔어. 폴과 제인은 서울에 살아.

위 글에서 폴과 제인의 이름이 불필요하게 계속 반복되고 있지요? 영어에서는 이런 불필요함을 줄이기 위해 앞서 언급한 이름을 다시 부르는 대신 다음과 같이 인칭 대명사를 사용해요.

❶ (we) 우리 (내가 속해 있는 그룹)

Paul, **Jane** and I are schoolmates.
→ **We** are schoolmates.

❷ (he) 그 / (she) 그녀

Paul is from America and **Jane** is from France.
→ **He** is from America and **she** is from France.

❸ (they) 그들 (내가 속하지 않은 그룹)

Paul and **Jane** live in Seoul.
→ **They** live in Seoul.

14

인칭 대명사의 종류

I 나   **You** 너   **We** 우리

He 그   **She** 그녀   **They** 그들   **It** 그것

인칭		주격 (~은, 는, 이, 가)	소유격 (~의)	목적격 (~을[를])	소유 대명사 (~의 것)
1인칭	단수	I	my	me	mine
	복수	we	our	us	ours
2인칭	단수 / 복수	you	your	you	yours
3인칭	단수	he	his	him	his
		she	her	her	hers
		it	its	it	-
	복수	they	their	them	theirs

조금만 더
화이팅!!!

15

5 영어에서 동사의 종류는 무엇이 있나요?

be동사	
am **are** **is**	• 주어의 '상태'를 나타낼 때 써요. • 주어와 시제에 따라 모양이 달라져요. • 혼자서 완전한 역할을 할 수 없어요. (보어와 수식어의 도움이 필요)

일반 동사	
play **love** **like** **...**	• 주어의 '동작'을 나타낼 때 써요. • be동사와 조동사를 제외한 모든 동사를 말해요. • 주어와 시제에 따라 모양이 달라져요. <div align="right">일반 동사의 변화는 **178쪽 참고** ▶</div>

조동사	
will **can** **may** **must** **...**	• be동사나 일반 동사의 앞에 써서 능력, 의지, 강요 등의 특정한 의미를 더해주는 역할을 해요. • 주어에 따라 모양이 달라지지 않지만 시제에 따라 모양이 달라져요. • 조동사 뒤에는 반드시 동사원형을 써요.

✳ 한 문장에는 반드시 be동사나 일반 동사 중 한 가지가 있어야 함!

✳ 한 문장 안에서 be동사와 일반 동사의 현재형을 같이 쓸 수 없음! (I am study.는 틀린 문장)

✳ 조동사는 뒤에는 반드시 be동사나 일반 동사 중 한 가지가 있어야 함!

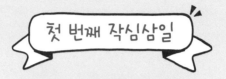

be동사

be동사란?

be동사는 **주어의 상태**를 나타내는 동사로 '**~이다**', '**~에 있다**'라고 해석해요. 그래서 be동사 뒤에는 주어의 **신분, 기분, 느낌, 직업, 위치**를 나타내는 말을 써요. be동사를 공부할 때는 be동사 모양이 어떻게 바뀌는지 눈여겨보세요! 그럼 본격적으로 be동사를 위한 작심삼일을 시작해 볼까요?

 be동사의 모양

 be동사의 뜻

 부정문, 의문문

Day 1 # be동사의 모양

┃ 핵심 포인트

be동사는 주어에 따라 모양이 달라집니다. 주어에 맞는 be동사를 익히는 것이 오늘의 포인트! be동사의 다양한 모양을 살펴볼까요?

주어		be동사
I 나	+	am
You 너, 너희들	+	are
She / He / It / Jane / A tree 그녀 / 그 / 그것 / 제인 / 나무 한 그루 (3인칭 단수: 나와 너를 제외한 한 개, 한 명의 주어)	+	is
They / We / My friends 그들, 그것들 / 우리들 / 내 친구들 (여러 개, 여러 명의 주어)	+	are

인칭 대명사를 모른다면 **14쪽 참고** ▶

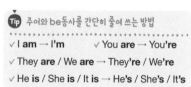
Tip 주어와 be동사를 간단히 줄여 쓰는 방법
√ I am → I'm   √ You are → You're
√ They are / We are → They're / We're
√ He is / She is / It is → He's / She's / It's

2 문장으로 익히기

원어민 발음 듣기1-1

 주어와 be동사의 모양을 잘 살펴보면서 응용 문장을 읽어 보세요.

I am Paul. 저는 폴이라고 해요.

You are smart. 너는 똑똑하구나.

She is tall. 그녀는 키가 커요.

He is so busy. 그는 매우 바빠요.

It is too expensive. 너무 비싸요.

I am at home. 저는 집에 있어요.

They are lucky. 그들은 운이 좋아요.

You are right. 네 말이 맞아.

I am sorry. 미안해요.

We are hungry. 우리는 배가 고파요.

---

smart 똑똑한 | tall 키가 큰 | busy 바쁜 | too 너무 (~한) | expensive 비싼
| at home 집에 | lucky 운이 좋은 | right 맞는, 옳은 | hungry 배고픈

3 확인 문제 ✦✦

✎ **다음 빈칸에 알맞은 be동사를 넣어 보세요.**

❶ I _____ Paul. 저는 폴이라고 해요.

❷ They _____ lucky. 그들은 운이 좋아요.

❸ He _____ so busy. 그는 매우 바빠요.

❹ I _____ at home. 저는 집에 있어요.

❺ We _____ hungry. 우리는 배가 고파요.

❻ She _____ tall. 그녀는 키가 커요.

❼ You _____ smart. 너는 똑똑하구나.

❽ It _____ too expensive. 너무 비싸요.

❾ I _____ sorry. 미안해요.

❿ You _____ right. 네 말이 맞아.

4 한 번 더 확인 ★

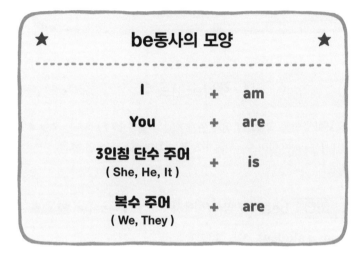

★ **be동사의 모양** ★

- -

I + am

You + are

3인칭 단수 주어
(She, He, It) + is

복수 주어
(We, They) + are

🔊 배운 내용을 확인해 볼까요? 다음 문장을 영어로 말해 보세요.

1

너무 비싸요.

2

미안해요.

3

네 말이 맞아.

조금만 더
화이팅!!!

정답 182쪽 ▶

Day 2

be동사의 뜻

┃ 핵심 포인트 ✦

be동사의 모양을 익혔다면 이제 뜻을 학습해 볼까요? be동사는 일반적으로 다음에 어떤 말이 오는지에 따라 두 가지로 해석할 수 있습니다. 한번 살펴보죠.

★ **~이다** **be동사 + 명사/형용사**   문법 용어가 헷갈린다면 **11쪽 참고** ▶

I **am a student**. 나는 학생이에요.

You **are pretty**. 당신은 예뻐요.

She **is my boss**. 그녀는 내 상사입니다.

★ **~에 있다** **be동사 + 장소(부사 또는 전치사 + 명사)**

I **am at school**. 나는 학교에 있어요.

We **are here**. 우리 여기 있어요.

He **is in America**. 그는 미국에 있어요.

2 문장으로 익히기

 be동사의 뜻을 확인하면서 응용 문장을 읽어 보세요.

I am 34 years old. 저는 34살이에요.

- -

He is special. 그는 특별해요.

- -

She is young. 그녀는 나이가 어려요.

- -

They are Americans. 그들은 미국인이에요.

- -

This is my bag. 이건 내 가방이에요.

- -

She is on the subway. 그녀는 지하철을 타고 있어요.

- -

Tom is at the front door. 톰은 현관에 있어요.

- -

My car is over there. 내 차는 저쪽에 있어요.

- -

They are in the lobby. 그들은 로비에 있어요.

- -

She is downstairs. 그녀는 아래층에 있어요.

- -

special 특별한 | young 나이가 어린 | American 미국인 | this 이것 | my bag 내 가방 | at the front door 현관에 | over there 저쪽에 | in the lobby 로비에 | downstairs 아래층에

3 확인 문제 ✦

✎ **다음 밑줄 친 be동사가 어떤 의미인지 골라 보세요.**

❶ This <u>is</u> my bag. (~이다 / ~에 있다)

❷ She <u>is</u> on the subway. (~이다 / ~에 있다)

❸ She <u>is</u> young. (~이다 / ~에 있다)

❹ Tom <u>is</u> at the front door. (~이다 / ~에 있다)

❺ My car <u>is</u> over there. (~이다 / ~에 있다)

❻ They <u>are</u> Americans. (~이다 / ~에 있다)

❼ They <u>are</u> in the lobby. (~이다 / ~에 있다)

❽ He <u>is</u> special. (~이다 / ~에 있다)

❾ She <u>is</u> downstairs. (~이다 / ~에 있다)

❿ I <u>am</u> 34 years old. (~이다 / ~에 있다)

4 한 번 더 확인 ✦

★　**be동사의 두 가지 뜻**　★

- -

~이다　　　~에 있다

🔊 배운 내용을 확인해 볼까요? 다음 문장을 영어로 말해 보세요.

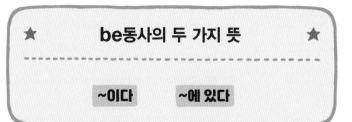

1

이건
내 가방이에요.

2

제 차는 저쪽에
있어요.

3

저는 34살이에요.

내일도
할거징?

정답 182쪽 ▶

부정문, 의문문

Day 3

1 핵심 포인트 ✦✧

be동사 문장의 부정문은 be동사 뒤에 not을 쓰면 되고, 의문문은 be동사를 문장의 맨 앞에 쓰면 됩니다.

★ **부정문** 주어 + be동사 + not + ☐

I'm not sure.
저는 확신이 없어요. / 잘 모르겠어요.

She **isn't** tall.
그녀는 키가 크지 않아요.

> **Tip** be동사와 not을 줄여 쓰는 방법
> ✓ are not = aren't
> ✓ is not = isn't
> ✓ am과 not은 줄여 쓸 수 없음

★ **의문문** Be동사 + 주어 +  ?

Are you busy now?
지금 바쁘세요?

-Yes, I am.
네, 바빠요.

-No, I'm not.
아니요, 바쁘지 않아요.

> **Tip** 의문문에 대한 대답
> ✓ 긍정: Yes, 주어 + be동사.
> ✓ 부정: No, 주어 + be동사 not.
>
> • 의문문에 대답을 할 때는 주어를 대명사로!
> ✓ Is Mary tall?
> -Yes, Mary is. (✗) -Yes, she is. (○)

2 문장으로 익히기 ✦

원어민 발음 듣기 1-3

 부정문과 의문문에서 be동사의 위치를 잘 살펴보면서 응용 문장을 읽어 보세요.

I **am not** sick. 전 아프지 않아요.

- -

He **is not** a good singer. 그는 노래를 잘 못해요.

- -

This **is not** my bag. 이건 제 가방이 아니에요.

- -

She **is not** talkative. 그녀는 수다스럽지 않아요.

- -

It **is not** rainy today. 오늘은 비가 오지 않아요.

- -

Are you upstairs? 위층에 계세요?

- -

Is this on sale? 이거 할인 중이에요?

- -

Am I the only Korean? 제가 유일한 한국인인가요?

- -

Is he nervous now? 그는 지금 긴장했나요?

- -

Are you okay? 괜찮아요?

- -

good singer 훌륭한 가수 (노래를 잘하는 사람) | talkative 수다스러운 | rainy 비가 오는 | upstairs 위층에 | on sale 할인 중인 | nervous 긴장한

3 확인 문제 ✧✦

✎ 다음 문장을 지시에 따라 부정문과 의문문으로 만들어 보세요.

① 의문문 You are upstairs.

_____

② 부정문 He is a good singer.

_____

③ 의문문 You are okay.

_____

④ 부정문 She is talkative.

_____

⑤ 의문문 This is on sale.

_____

⑥ 의문문 He is nervous now.

_____

⑦ 부정문 This is my bag.

_____

4 한 번 더 확인 ✧

★ **be동사의 부정문과 의문문** ★

- -

부정문   주어 + be동사 + not + [   ]

의문문   Be동사 + 주어 + [   ] ?

🔊 배운 내용을 확인해 볼까요? 다음 문장을 영어로 말해 보세요.

1
위층에 계세요?

2
전 아프지
않아요.

3
제가 유일한
한국인인가요?

작심삼일
극뽁!

정답 182쪽

be동사를 학습한 당신,
이 정도는 말할 수 있다!

★ 상황 1

친구를 만난 당신. 친구가 얼굴이 창백하고 아파 보이네요. 친구에게 괜찮은지 물어볼까요?

➡

★ 상황 2

백화점에서 쇼핑을 하고 있는 당신, 마음에 드는 물건을 골랐는데 할인 중인지 궁금하네요. 점원에게 할인 중이냐고 물어볼까요?

➡

Are you okay? / Is this on sale?

하루 세끼는 잘만 먹으면서
삼일 마음 못 먹어?

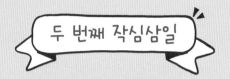

일반 동사

일반 동사란?

일반 동사는 eat(먹다), sleep(자다), walk(걷다)와 같이 **주어의 동작이나 행동을 나타내는 동사**로 그 수가 무수히 많답니다. **한 문장에는 한 개의 동사만 필요하기 때문에 be동사와 일반 동사를 한 문장에서 같이 쓰지 않도록** 주의하세요! 예를 들어 I am eat.은 틀린 문장이랍니다. 그럼 이번 작심삼일로 일반 동사를 정리해 볼까요?

 일반 동사 긍정문

 일반 동사 부정문

 일반 동사 의문문

일반 동사 긍정문

Day 1

✏ 핵심 포인트 ✨

일반 동사의 기본 형태를 현재형이라고 하며 '~한다, ~하다'라고 해석해요. 주어가 3인칭 단수(나와 너를 제외한 한 명 또는 한 개)일 때는 동사 뒤에 -(e)s를 붙여야 한다는 점! 꼭 기억하세요.

일반 동사의 모양

주어

| 일반 동사 |

I 나

You 너, 너희들

They / We / My friends
그들, 그것들 / 우리들 / 나의 친구들
(여러 개, 여러 명의 주어)

+

동사원형
like, go

3인칭 단수

She / He / It 그녀 / 그 / 그것

Jane / A dog 제인 / 개 한 마리

+

동사원형 + (e)s
likes, goes

예외 have
has(○)
haves(✕)

일반 동사의 3인칭 변화는 178쪽 참고

2 문장으로 익히기

 주어와 일반 동사의 모양을 잘 살펴보면서 응용 문장을 읽어 보세요.

I have a problem. 문제가 생겼어요.

You look good. 좋아 보이네요.

We like this color. 우리는 이 색깔이 좋아요[마음에 들어요].

She studies English. 그녀는 영어 공부를 해요.

This bus goes to the airport. 이 버스는 공항으로 가요.

He has a driver's license. 그는 운전면허증이 있어요.

I like spicy food. 저는 매운 음식을 좋아해요.

He works here. 그는 여기서 일해요.

Tommy cooks well. 토미는 요리를 잘해요.

I need a blanket. 저는 담요가 필요해요.

----

problem 문제 | look good 좋아 보이다 | to the airport 공항으로 | driver's
license 운전면허증 | spicy food 매운 음식 | work 일하다 | cook 요리하다 |
well 잘 | need 필요하다 | blanket 담요

3 확인 문제 ✬✫

✎ 다음 괄호 안에서 알맞은 단어를 골라 보세요.

❶ I (has / have) a problem.

❷ You (look / looks) good today.

❸ We (like / likes) this color.

❹ She (study / studies) English.

❺ This bus (go / goes) to the airport.

❻ He (have / has) a driver's license.

❼ I (like / likes) spicy food.

❽ He (work / works) here.

❾ Tommy (cooks / cook) well.

❿ I (need / needs) a blanket.

4 한 번 더 확인 ✦

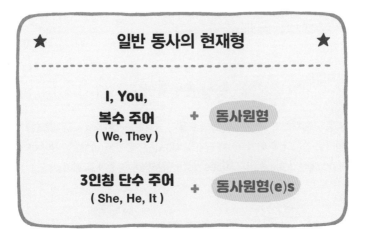

일반 동사의 현재형

- -

I, You,
복수 주어   **+**   동사원형
(We, They)

3인칭 단수 주어   **+**   동사원형(e)s
(She, He, It)

🔊 배운 내용을 확인해 볼까요? 다음 문장을 영어로 말해 보세요.

1
저는 담요가
필요해요.

2
토미는 요리를
잘해요.

3
그는 운전면허증이
있어요.

조금만 더
화이팅!!!

정답 182쪽

일반 동사 부정문

❘ 핵심 포인트 ✦✧

일반 동사 현재형의 부정문은 do의 도움이 필요해서 「do not + 동사원형」
의 형태로 씁니다. 주어가 3인칭 단수일 때는 동사 끝에 −(e)s를 붙여야 하
니까 do 대신 does를 써서 「does not + 동사원형」의 형태로 써야 해요.

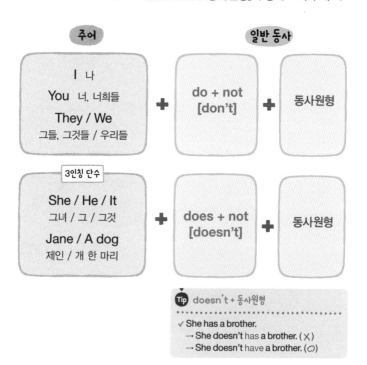

주어	일반 동사	
I 나 You 너, 너희들 They / We 그들, 그것들 / 우리들	do + not [don't]	동사원형
3인칭 단수 She / He / It 그녀 / 그 / 그것 Jane / A dog 제인 / 개 한 마리	does + not [doesn't]	동사원형

Tip doesn't + 동사원형

✓ She has a brother.
 → She doesn't has a brother. (✗)
 → She doesn't have a brother. (○)

2 문장으로 익히기

원어민 발음 듣기 2-2

 주어에 따라 일반 동사 부정문이 어떻게 만들어지는지 잘 살펴보면서 응용 문장을 읽어 보세요.

I don't care. 전 상관없어요. / 전 개의치 않아요.

- -

You don't look good today. 오늘 안색이 안 좋네요.

- -

We don't like this color. 우리는 이 색깔이 마음에 들지 않아요.

- -

She doesn't study English. 그녀는 영어 공부를 하지 않아요.

- -

This bus doesn't go to the airport.
이 버스는 공항으로 가지 않아요.

- -

He doesn't have a driver's license.
그는 운전면허증이 없어요.

- -

I don't like spicy food. 저는 매운 음식을 좋아하지 않아요.

- -

He doesn't work here. 그는 여기서 일하지 않아요.

- -

Tommy doesn't cook well. 토미는 요리를 잘 못해요.

- -

I don't need a blanket. 저는 담요가 필요하지 않아요.

- -

care 상관하다, 신경 쓰다

✎ 다음 빈칸에 don't 또는 doesn't을 넣어 부정문을 완성하세요.

① I _____ care.

② You _____ look good today.

③ We _____ like this color.

④ She _____ study English.

⑤ This bus _____ go to the airport.

⑥ He _____ have a driver's license.

⑦ I _____ like spicy food.

⑧ He _____ work here.

⑨ Tommy _____ cook well.

⑩ I _____ need a blanket.

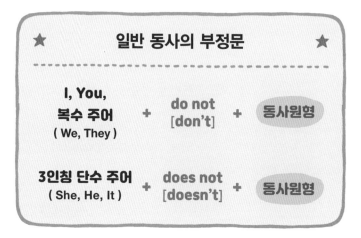

★ **일반 동사의 부정문** ★

I, You,
복수 주어 + do not + 동사원형
(We, They) [don't]

3인칭 단수 주어 + does not + 동사원형
(She, He, It) [doesn't]

배운 내용을 확인해 볼까요? 다음 문장을 영어로 말해 보세요.

1
우리는 이 색깔이
마음에 들지 않아요.

2
그는 여기서
일하지 않아요.

3
전 상관없어요.

내일도
할거징?

정답 182쪽

Day 3

일반 동사 의문문

▮ 핵심 포인트 ✦✧

일반 동사 현재형의 의문문도 do의 도움이 필요해서 「Do + 주어 + 동사
원형 ~?」의 형태로 씁니다. 주어가 3인칭 단수일 때는 「Does + 주어 +
동사원형 ~?」의 형태로 써요.

주어

일반 동사

Do +

I 나
you 너, 너희들
they / we
그들, 그것들 / 우리들

+ 동사원형 ~?

3인칭 단수

Does +

she / he / it / Jane / a dog
그녀 / 그 / 그것 / 제인 / 개 한 마리

+ 동사원형 ~?

> **Tip** 의문문에 대한 대답
>
> 긍정: Yes, 주어 + do / does.
> 부정: No, 주어 + don't / doesn't.
> ✓ Do you like pizza?   -Yes, I do. / No, I don't.
> ✓ Does he like pizza?   -Yes, he does. / No, he doesn't.

2 문장으로 익히기

 주어에 따라 일반 동사 의문문이 어떻게 만들어지는지 잘 살펴보면서 응용 문장을 읽어 보세요.

Do you have a problem? 문제가 생겼나요?

- -

Do you like this color? 이 색깔이 마음에 드시나요?

- -

Does she study English? 그녀는 영어를 공부하나요?

- -

Does he have a driver's license? 그는 운전면허증이 있나요?

- -

Does Jane like spicy food? 제인은 매운 음식을 좋아하나요?

- -

Does he work here? 그는 여기서 일하나요?

- -

Do you sell newspapers? 신문 파나요?

- -

Does Tommy cook well? 토미는 요리를 잘하나요?

- -

Does this bus go to the airport? 이 버스는 공항으로 가나요?

- -

Do you need a ride? 제가 태워 드릴까요?

- -

sell 팔다 | newspaper 신문 | ride (차에) 탐, 태움

3 확인 문제 ✦✦

✎ 다음 빈칸에 Do 또는 Does를 넣어 의문문을 완성하세요.

1 _____ you have a problem?

2 _____ you like this color?

3 _____ she study English?

4 _____ he have a driver's license?

5 _____ Jane like spicy food?

6 _____ he work here?

7 _____ you sell newspapers?

8 _____ Tommy cook well?

9 _____ this bus go to the airport?

10 _____ you need a ride?

4 한번 더 확인 ✦

★ **일반 동사 현재형의 의문문** ★

- -

Do + **I, you,
복수 주어
(we, they)** + 동사원형 ?

Does + **3인칭 단수 주어
(she, he, it)** + 동사원형 ?

🔊 배운 내용을 확인해 볼까요? 다음 문장을 영어로 말해 보세요.

1
문제가 생겼나요?

2
신문 파나요?

3
제인은 매운 음식을
좋아하나요?

작심삼일
극뽁!

정답 183쪽

일반 동사를 학습한 당신,
이 정도는 말할 수 있다!

★ **상황 1**

여행 중인 당신, 공항으로 가야 하는 버스를 타야 하는데 헷갈리네요.
버스 기사님에게 지금 타려고 하는 이 버스가 공항으로 가는지 물어볼
까요?

➡

_____

★ **상황 2**

차를 몰고 출퇴근 하는 당신, 퇴근하려고 차를 몰고 나오는데 걸어가고
있는 동료가 보이네요. 동료에게 차에 타겠냐고 물어볼까요?

➡

_____

Does this bus go to the airport? / Do you need a ride?

공부한다고 기분이 저기압 되었다면
이제 고기 앞으로 가라!

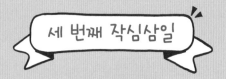

세 번째 작심삼일

시제

I have lost my luggage.
제 짐을 잃어버렸어요.

시제란?

시제는 어떤 일이 언제 일어났는지를 알려 주는 역할을 하는데 **동사의 모양으로 시제를 파악**할 수 있어요. 영어에는 특히 우리말에 없는 완료 시제가 있기 때문에 어렵게 느껴질 수도 있지만 반드시 알아야 할 부분입니다. 많이 사용하는 시제를 중심으로 정리해 볼까요?

 과거, 현재, 미래

 현재진행, 과거진행

 현재완료

과거, 현재, 미래

┃ 핵심 포인트 ✶✶

시제의 변화는 동사의 모양을 통해 알 수 있어요. 시제에 따라 동사가 어떻게 변하는지 잘 살펴보세요.

★ **과거 시제**　과거에 시작해서 과거에 끝난 일

- **be동사:** am, is → was / are → were
- **일반 동사:** 동사원형 + -ed

  I **studied** English.　나는 영어를 공부했어요.

일반 동사의 과거형 변화는 **178쪽 참고**

★ **현재 시제**　늘 하는 습관이나 일, 현재의 상태

- **be동사:** am, are, is
- **일반 동사:** 동사원형

  주어가 3인칭 단수일 때는 「동사원형 + (e)s」

  I **study** English.　나는 영어를 공부해요.

★ **미래 시제**　앞으로 일어날 일이나 계획

- **be동사:** will + be
- **일반 동사:** will + 동사원형

  I **will study** English.
  = I **am going to study** English.

  나는 영어를 공부할 거예요.

Tip will과 be going to

✓ **will:** 말하는 순간 다짐하는 비교적 즉흥적인 일

✓ **be going to:** 말하기 전부터 이미 계획해 둔 일

동사가 나타내는 시제를 잘 살펴보면서 응용 문장을 읽어 보세요.

They **were** at home. 그들은 집에 있었어요.

Tommy **ate** pizza. 토미는 피자를 먹었어요.

She **went** to America. 그녀는 미국에 갔어요.

We **worked** here. 우리는 여기서 일했어요.

Jane **will leave** tomorrow. 제인은 내일 떠날 거예요.

I **get** up early. 저는 일찍 일어나요.

I **have** a reservation. 저는 예약이 되어 있어요.

He **will turn** 30 next year. 그는 내년에 서른 살이 돼요.

I **will buy** a new car. 저는 새 차를 한 대 구입할 거예요.

The train **will arrive** soon. 기차는 곧 도착할 거예요.

---

at home 집에 | eat 먹다 (과거형: ate) | go 가다 (과거형: went) | leave 떠나다 | get up 일어나다 | early 일찍 | have a reservation 예약이 되어 있다 | turn + 나이 ~살이 되다 | buy 사다 | arrive 도착하다 | soon 곧

3 확인 문제 ✦✦

✎ 주어진 시제에 맞게 괄호 안의 동사를 변형하여 빈칸을 채워 보세요.

1 현재 I _____ up early. (get)

2 미래 Jane _____ _____ tomorrow. (leave)

3 미래 I _____ _____ a new car. (buy)

4 과거 We _____ here. (work)

5 현재 I _____ a reservation. (have)

6 미래 He _____ _____ 30 next year. (turn)

7 과거 They _____ at home. (be)

8 과거 She _____ to America. (go)

9 과거 Tommy _____ pizza. (eat)

10 미래 The train _____ _____ soon. (arrive)

4 한 번 더 확인 ✦✦

과거, 현재, 미래

★   ★

과거 시제 과거에 시작해서 과거에 끝난 일

- be동사: am, is → was / are → were
- 일반동사: 동사원형 끝에 -ed

현재 시제 늘 하는 습관이나 일, 현재의 상태

- be동사: am, are, is
- 일반 동사: 동사원형 그대로

미래 시제 앞으로 일어날 일이나 계획

- be동사: will + be
- 일반 동사: will + 동사원형

🔊 배운 내용을 확인해 볼까요? 다음 문장을 영어로 말해 보세요.

1
기차는 곧
도착할 거예요.

2
그들은 집에
있었어요.

3
저는 일찍
일어나요.

조금만 더
화이팅!!

정답 183쪽 ▶

Day 1 · 과거, 현재, 미래 **55**

현재진행, 과거진행

Day 2

┃ 핵심 포인트 ✧⋆

진행 시제는 특정 순간에 하고 있는 중인 일을 말해요. 현재진행과 과거진행을 알아볼까요?

★ **현재진행** 현재 시점에 계속되고 있는 일

- **의미:** ~하는 중이다
- **형태:** be동사의 현재형[am, are, is] + 일반 동사-ing

  I **am studying** English.　나는 영어를 공부하는 중이에요.

> **Tip** 현재 시제와 현재진행 시제의 차이
>
> **현재 시제:** '늘, 항상' 하는 일
> **현재진행 시제:** '지금 이 순간' 하고 있는 일
> ✓ I listen to music. 나는 (늘) 음악을 들어.
> ✓ I'm listening to music. 나는 (지금) 음악을 듣고 있어.

★ **과거진행** 과거 특정 시점에 진행되고 있던 일

- **의미:** ~하는 중이었다
- **형태:** be동사의 과거형[was, were] + 일반 동사-ing

  I **was studying** English.　나는 영어를 공부하는 중이었어요.

2 문장으로 익히기 ⭐

원어민 발음 듣기 3-2

 동사가 나타내는 시제를 잘 살펴보면서 응용 문장을 읽어 보세요.

I'm **looking** for the train station. 저는 기차역을 찾고 있어요.

- -

We're **drinking** coffee. 우리는 커피를 마시고 있어요.

- -

Jane **is talking** on the phone. 제인은 전화 통화를 하고 있어요.

- -

Tommy **is eating** pizza. 토미는 피자를 먹고 있어요.

- -

It's **raining** a lot here. 여기에는 비가 많이 오고 있어요.

- -

I **was having** dinner. 저는 저녁을 먹고 있었어요.

- -

He **was taking** a shower. 그는 샤워를 하고 있었어요.

- -

We **were waiting** for him. 우리는 그 사람을 기다리고 있었어요.

- -

They **were watching** a movie. 그들은 영화를 보고 있었어요.

- -

She **was reading** a newspaper. 그녀는 신문을 읽고 있었어요.

- -

look for ~를 찾다 | talk on the phone 전화 통화를 하다 | rain 비가 오다 |
a lot 많이 | take a shower 샤워를 하다 | wait for ~ ~를 기다리다

✎ 주어진 시제에 맞게 괄호 안의 동사를 변형하여 빈칸을 채워 보세요.

① (현재진행) I ____ _____ for the train station. (look)

② (과거진행) I ____ _____ dinner. (have)

③ (현재진행) Jane ____ _____ on the phone. (talk)

④ (과거진행) We ____ _____ for him. (wait)

⑤ (현재진행) Tommy ____ _____ pizza. (eat)

⑥ (현재진행) We ____ _____ coffee. (drink)

⑦ (과거진행) He ____ _____ a shower. (take)

⑧ (현재진행) It ____ _____ a lot here. (rain)

⑨ (과거진행) They ____ _____ a movie. (watch)

⑩ (과거진행) She ____ _____ a newspaper. (read)

★ **현재진행, 과거진행** ★

- -

현재진행 현재 시점에 계속되고 있는 일

- 의미: ~하는 중이다
- 형태: be동사의 현재형[am, are, is] + 일반 동사-ing

과거진행 과거 특정 시점에 진행되고 있던 일

- 의미: ~하는 중이었다
- 형태: be동사의 과거형[was, were] + 일반 동사-ing

🔊 배운 내용을 확인해 볼까요? 다음 문장을 영어로 말해 보세요.

1
저는 기차역을
찾고 있어요.

2
저는 저녁을
먹고 있었어요.

3
토미는 피자를
먹고 있어요.

내일도
할거징?

정답 183쪽

Day 3

현재완료

I 핵심 포인트 ✯✯

현재완료는 과거와 현재를 연결해 주는 시제예요. 과거에 시작한 일이 현재에도 영향을 줄 때 사용합니다.

★ **형태** ✯ 주어가 3인칭 단수면 has

- **긍정문:** 주어 + **have** + 동사의 과거분사형 동사의 과거분사형은 **179쪽 참고** ▶
- **부정문:** 주어 + **have not[haven't]** + 동사의 과거분사형
- **의문문: Have** + 주어 + 동사의 과거분사형?

★ **의미** **과거에 시작한 일이 현재에도 영향을 미침**

- **경험: I have been** to Tokyo. 저는 도쿄에 가 본 적이 있어요.
- **결과: I have lost** my wallet. 저는 지갑을 잃어버렸어요.
- **완료: I have** just **finished** the work. 저는 일을 막 끝냈어요.
- **계속: I have known** him for 1 year. 저는 그를 1년 동안 알아 왔어요.

✯ 주어 + have[has]의 축약형은
I've, You've, She's, He's로 씁니다.

> **Tip** 현재완료 시제 vs 과거 시제
>
> 과거 시제는 과거의 상황일 뿐 현재와는 연관이 없지만 현재완료 시제는 현재와 관련이 있습니다.
> ✓ I liked **him for 3 years.** 나는 그를 3년 동안 좋아했다. (현재도 좋아하는지는 알 수 없음)
> ✓ I have liked **him for 3 years.** 나는 그를 3년 동안 좋아했다. (과거부터 현재까지 계속 좋아함)

2 문장으로 익히기

 현재완료의 의미를 잘 살펴보면서 응용 문장을 읽어 보세요.

The bus **has already left**. 버스는 이미 떠났어요.

He **has been** to London. 그는 런던에 가 본 적이 있어요.

Jane **has lived** in Seoul for 3 years.
제인은 서울에서 3년 동안 살았어요.

I **have lost** my luggage. 저는 짐을 잃어버렸어요.

I **have missed** my stop. 저는 내려야 할 정류장을 놓쳤어요.

We **have watched** the movie. 우리는 그 영화를 본 적 있어요.

Tommy **has visited** the museum.
토미는 그 박물관에 방문한 적이 있어요.

I **haven't decided** yet. 저는 아직 결정하지 못했어요.

Have you ever **been** to Seattle?
시애틀에 한 번이라도 가 본 적 있어요?

Have you **tried** this food? 이 음식을 먹어 본 적 있어요?

---

already 이미 | have been to ~에 가 본 적이 있다 | for ~ 동안 | luggage
짐, 수하물 | miss 놓치다 | stop 정류장 | museum 박물관 | decide 결정하
다 | yet 아직 | ever 한 번이라도 | try 시도하다

3 확인 문제 ✦

✎ 주어진 단어를 현재완료 시제에 맞게 변형하여 써 보세요.

❶ He _____ _____ to London. (be)

❷ I _____ not _____ yet. (decide)

❸ Jane _____ _____ in Seoul for 3 years. (live)

❹ _____ you _____ this food? (try)

❺ The bus _____ already _____. (leave)

❻ Tommy _____ _____ the museum. (visit)

❼ _____ you ever _____ to Seattle? (be)

❽ I _____ _____ my stop. (miss)

❾ We _____ _____ the movie. (watch)

❿ I _____ _____ my luggage. (lose)

4 한 번 더 확인

★ **현재완료 시제** ★

- -

형태 주어 + have[has] + 동사의 과거분사

의미 과거에 시작한 일이 현재에도 영향을 미침
(경험, 결과, 완료, 계속)

세 번째 걸림돌

🔊 배운 내용을 확인해 볼까요? 다음 문장을 영어로 말해 보세요.

1
시애틀에 가 본 적 있어요?

2
저는 내려야 할 정류장을 놓쳤어요.

3
버스는 이미 떠났어요.

정답 183쪽

시제를 학습한 당신, 이 정도는 말할 수 있다!

★ 상황 1

식당에 온 당신, 메뉴를 한참 보고 있는데 종업원이 다가와 주문을 하겠냐고 물어보네요. 아직 결정하지 못했다고 말해 볼까요?

➡

★ 상황 2

친구와 함께 볼 영화를 고르고 있는 당신, 이미 본 영화를 친구가 보자고 하네요. 그 영화를 본 적이 있다고 말해 볼까요?

➡

I haven't decided yet. / I have watched the movie.

하나를 보고 열을 알면 무당이다.
3일 공부하고 모른다고 실망하지 말자!

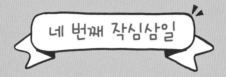

조동사

I should join a gym.
헬스장에 등록해야겠어요.

치킨은 살 안쪄..

내가 찌지...
근데 맛있는걸ㅠㅠ

△△치킨

뒤늦은 후회

조동사는 be동사와 일반 동사의 앞에 쓰여서 능력, 의지, 강요, 추측, 요청, 충고 등의 특정한 의미를 더해 주는 역할을 해요. I drive.(나는 운전한다.)라는 문장에 능력의 의미를 가진 조동사 can을 넣으면 I can drive.(나는 운전을 할 수 있다.)가 되지요. 조동사를 사용해서 문장의 의미를 더 풍부하게 만들 수 있어요. 그럼 조동사의 기본적인 쓰임과 다양한 종류를 학습해 볼까요?

 조동사의 쓰임

 can, may, will

 must, have to, should

Day 1

조동사의 쓰임

┃ 핵심 포인트

조동사의 종류

will, would, can, may, must, should 등

★ **긍정문** 조동사 뒤에 동사원형을 써요.

He **may come** back.
그가 돌아올지도 몰라요.
He **may comes** back. (✗)

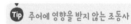 **Tip** 주어에 영향을 받지 않는 조동사
✓ She can arrive on time. (○)
✓ She cans arrive on time. (✗)

★ **부정문** 조동사 뒤에 **not**을 써요.

You **should not** tell a lie.
거짓말을 하면 안 돼요.

Tip 조동사 + not의 축약형
✓ can't / won't / mustn't / shouldn't
✓ may not은 축약형이 없음

★ **의문문** 조동사를 맨 앞에 써요.

Will you pay in cash?
현금으로 결제하시겠어요?
-Yes, I **will**. 네, 그럴게요.
-No, I **won't**. 아니요, 그러지 않을래요.

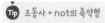 **Tip** 조동사 의문문에 대한 대답
✓ Yes, 주어 + 조동사.
✓ No, 주어 + 조동사와 not의 축약형.

2 문장으로 익히기 ⭐

원어민 발음 듣기 4-1

 조동사의 쓰임을 잘 살펴보면서 응용 문장을 읽어 보세요.

You **must not be** late. 늦으면 안 돼요.

- -

Can you **ride** a bike? 자전거 탈 줄 알아요?

- -

You **may use** my pen. 제 펜을 사용하셔도 돼요.

- -

Tommy **will leave** Seoul. 토미는 서울을 떠날 거예요.

- -

He **can cook** Indian food. 그는 인도 음식을 요리할 수 있어요.

- -

You **should transfer** here. 여기서 환승하셔야 해요.

- -

I **will text** you. 문자 할게요.

- -

She **may pass** the exam. 그녀는 시험에 통과할 수도 있어요.

- -

You **must stop** here. 여기서 반드시 멈춰야 해요.

- -

Will you **call** me back? 다시 전화 주실래요?

- -

late 늦은 | ride a bike 자전거를 타다 | use 사용하다 | Indian 인도의 | transfer
환승하다 | text 문자를 보내다 | pass the exam 시험에 통과하다 | stop 멈추다
| call back 다시 전화하다

3 확인 문제 ✗

✎ 괄호 안에 주어진 단어 중 알맞은 말을 골라 보세요.

❶ You may (using, use) my pen.

❷ (Do you can, Can you) ride a bike?

❸ You (not must, must not) be late.

❹ Tommy will (leaves, leave) Seoul.

❺ He (can, cans) cook Indian food.

❻ I (text will, will text) you.

❼ (Do will, Will) you call me back?

❽ You should (transferred, transfer) here.

❾ She may (passes, pass) the exam.

❿ You (stop must, must stop) here.

4 한 번 더 확인

★ **조동사의 쓰임** ★

- -

▶ 조동사는 주어에 따라 모양이 바뀌지 않아요.

▶ 조동사 뒤에는 동사원형을 써요.

▶ 부정문은 조동사 뒤에 **not**을 써요.

▶ 의문문은 조동사를 문장의 맨 앞에 써요.

🔊 배운 내용을 확인해 볼까요? 다음 문장을 영어로 말해 보세요.

1
여기서 환승하셔야 해요.

2
문자 할게요.

3
토미는 서울을
떠날 거예요.

조금만 더
화이팅!!!

정답 183쪽

Day 2

can, may, will

┃ 핵심 포인트 ✦

★ **can** **능력, 가능, 허가** (~할 수 있다, ~해도 된다)

I **can** drive a car. 나는 운전을 할 수 있어요.

Can you fill this out? 이 양식 좀 작성해 주실래요?

> 더 정중한 부탁은
> Could you ~?

You **can** take my car. 내 차를 가져가도 돼요.

★ **may** **추측, 허가** (~할지도 모른다, ~해도 된다)

He **may** be late.
그는 늦을지도 몰라요.

May I help you?

> **Tip** May I ~?와 Can I ~?의 차이
> ....
> 둘 다 공손하게 물어볼 때 쓰는데 다음과 같은 차이가 있습니다.
> ✓ May I ~?: 허락을 구할 때 ✓ Can I ~?: 가능성을 물을 때

제가 도와드려도 될까요? / 무엇을 도와드릴까요?

★ **will** **미래, 의지, 부탁** (~할 것이다, ~해 줄래요?)

She **will** be thirty next year. 그녀는 내년에 서른이 됩니다.

I **will** travel around the world. 나는 세계 여행을 할 거예요.

Will you pass me the salt? 소금 좀 건네 주실래요?

> 더 정중한 부탁은
> Would you ~?

> **Tip** would like: ~하고 싶다, ~를 원하다
> ....
> would like 뒤에는 명사나 to부정사(99쪽)가 와야 해요.
> ✓ Would you like some coffee? 커피 좀 드시겠어요?
> ✓ I would like to buy the book. 저는 그 책을 사고 싶어요.

2 문장으로 익히기

원어민 발음 듣기 4-2

 조동사의 뜻을 잘 살펴보면서 응용 문장을 읽어 보세요.

I **can't** make it tonight. 저는 오늘 밤에 못 갈 것 같아요.

Can I see the menu? 메뉴를 볼 수 있을까요?

Can I get there by bus? 그곳을 버스로 갈 수 있나요?

He **may** not be right.
그가 옳지 않을 수도 있어요. / 그가 틀릴 수도 있어요.

May I sit here? 여기에 앉아도 될까요?

May I speak to Mr. Smith? 스미스 씨와 통화할 수 있을까요?

I **will** turn 30 next year. 저는 내년에 서른 살이 돼요.

Will you be at the cafe? 카페에 있을 건가요?

Would you **like** some coffee? 커피 좀 드시겠어요?

I **would like** to rent a car. 차를 빌리고 싶어요.

----

make it 가다, 참석하다 | get there (어떤 장소에) 도착하다 | right 옳은 | sit
앉다 | speak to ~와 통화하다 | turn + 나이 ~살이 되다 | rent 빌리다

Day 2 · can, may, will 73

3 확인 문제 ✦

✎ **우리말에 맞게 빈칸에 알맞은 조동사를 넣어 보세요.**

❶ _____ I see the menu? 메뉴를 볼 수 있을까요?

❷ I _____ make it tonight. 저는 오늘 밤에 못 갈 것 같아요.

❸ _____ I sit here? 여기에 앉아도 될까요?

❹ I _____ _____ to rent a car. 차를 빌리고 싶어요.

❺ He _____ not be right. 그가 옳지 않을 수도 있어요.

❻ I _____ turn 30 next year. 저는 내년에 서른 살이 돼요.

❼ _____ I speak to Mr. Smith?
스미스 씨와 통화할 수 있을까요?

❽ _____ I get there by bus? 그곳을 버스로 갈 수 있나요?

❾ _____ you be at the cafe? 카페에 있을 건가요?

❿ _____ you like some coffee? 커피 좀 드시겠어요?

4 한 번 더 확인 ✦

> ### ★ can, may, will ★
>
> -
>
> **can** 능력, 가능, 허가 (~할 수 있다, ~해도 된다)
>
> **may** 추측, 허가 (~일지도 모른다, ~해도 된다)
>
> **will** 미래, 의지, 부탁 (~할 것이다)
>
> • Would you ~? / Could you ~? ~해 주실래요? (공손한 부탁)
>
> • would like + 명사 ~를 원하다
>
> • would like + to부정사 ~를 하고 싶다

🔊 배운 내용을 확인해 볼까요? 다음 문장을 영어로 말해 보세요.

1
여기 앉아도
될까요?

2
저는 오늘 밤
못 갈 것 같아요.

3
저는 내년에
서른 살이 돼요.

내일도
할거지?

정답 184쪽

must, have to, should

I 핵심 포인트 ✨

★ **must** **(강한) 의무, 추측** (〜해야 한다, 〜임에 틀림없다)

You **must** wear a seat belt. 반드시 안전벨트를 매야 해요.

They **must** be twins. 그들은 쌍둥이임에 틀림없어요.

★ **have to** **(강한) 의무** (〜해야 한다)

  (부정문일 때) 불필요 (〜할 필요 없다)

I **have to** get up early. 나는 일찍 일어나야 해요.

He **has to** work on Saturday. 그는 토요일에 일해야 해요.

She **doesn't have to** stand in line. 그녀는 줄을 설 필요가 없어요.

> ✨ must: 법, 규칙
> have to: 개인적인 일

> 🔵 **Tip** have to의 특징
> ....
> 조동사는 주어에 상관없이 같은 형태를 유지하지만 have to는
> 주어에 따라 모양이 변합니다. 주어가 3인칭 단수일 때는 has
> to로 써야 해요. 또 일반 동사처럼 부정문과 의문문을 만들 때
> 는 do[does]의 도움을 받아야 합니다.

★ **should** **조언, 충고** (〜하는 게 좋겠다, 〜해야 한다)

You **should** study English. 너는 영어 공부를 하는 게 좋겠다.

Should I wear this size? 제가 이 사이즈를 입는 게 좋을까요?

2 문장으로 익히기 ✨

 조동사의 뜻을 잘 살펴보면서 응용 문장을 읽어 보세요.

You **must not** make a U-turn here.
여기에서 유턴을 하면 안 돼요.

Tommy **must** be good at Korean.
토미는 한국어를 잘하는 게 틀림없어요.

You **must** park here. 주차는 여기에 하셔야 합니다.

You don't **have to** hurry. 서두를 필요 없어요.

Do I **have to** transfer here? 저는 여기에서 환승해야 하나요?

Do I **have to** wait? 기다려야 하나요?

I **should** join a gym. 저는 헬스장에 등록해야겠어요.

You **should** see a doctor. 병원에 가 보는 게 좋겠어요.

Should we take a break? 우리는 좀 쉬어야 할까요?

Should I check in this luggage? 이 짐을 부쳐야 하나요?

make a U-turn 유턴을 하다 | be good at ~을 잘한다 | transfer 환승하다
| join a gym 헬스장에 등록하다 | see a doctor 병원에 가다, 진료를 받다 |
take a break 쉬다 | check in (공항에서) ~를 부치다 | luggage 짐, 수하물

3 확인 문제

다음 문장을 우리말로 해석해 보세요.

1 You should see a doctor.

_____

2 Should I check in this luggage?

_____

3 Do I have to wait?

_____

4 You must park here.

_____

5 Tommy must be good at Korean.

_____

6 Do I have to transfer here?

_____

7 I should join a gym.

_____

8 You don't have to hurry.

_____

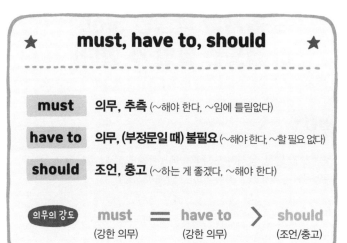

★ **must, have to, should** ★

- -

must 의무, 추측 (~해야 한다, ~임에 틀림없다)

have to 의무, (부정문일 때) 불필요 (~해야 한다, ~할 필요 없다)

should 조언, 충고 (~하는 게 좋겠다, ~해야 한다)

의무의 강도   **must** = **have to** > **should**
            (강한 의무)   (강한 의무)   (조언/충고)

🔊 배운 내용을 확인해 볼까요? 다음 문장을 영어로 말해 보세요.

1
이 짐을
부쳐야 하나요?

2
서두를 필요
없어요.

3
주차는 여기에
하셔야 합니다.

작심삼일
극뽁!

정답 184쪽

조동사를 학습한 당신, 이 정도는 말할 수 있다!

★ 상황 1

식당에 간 당신, 음식이 모자라서 메뉴판을 보고 더 주문하고 싶어요.
종업원에게 메뉴판을 볼 수 있냐고 말해 볼까요?

➡

★ 상황 2

감기에 걸려 고생하고 있는 친구를 본 당신, 친구에게 병원에 가 보는
게 좋겠다고 말해 볼까요?

➡

Can I see the menu? / You should see a doctor.

오늘은 어제 당신이
그토록 공부한다던 내일이다.

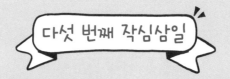

문장의 구성

문장의 구성이란?

영어 문장의 뼈대를 이루는 구성 요소로 **주어, 동사, 목적어, 보어**가 있어요. 이 요소들로 다섯 가지 형태의 문장을 만들 수 있답니다. **어떤 동사를 사용하는지에 따라 문장의 형태가 달라지니** 동사를 잘 파악하는 게 가장 중요해요! 이제부터 문장의 구성을 위한 작심삼일을 시작해 볼까요?

 Day 1 **목적어가 없는 문장**

 Day 2 **목적어가 있는 문장**

 Day 3 **보어가 있는 문장**

Day 1 # 목적어가 없는 문장

▌핵심 포인트 ✦✧

목적어(~을, 를)가 필요 없는 동사로 문장을 만들 때는 「주어 + 동사」만
써도 완벽한 문장이 됩니다. 뒤에 '어떻게, 누구와, 어디서, 언제' 등의 추가
설명을 붙여 줄 수 있는데 이를 수식어라고 불러요.

주어	+	동사	+	수식어
We		**arrived**		**in New York**
우리는		도착했다		뉴욕에

Tip 「주어 + 동사」 뒤에 붙여 쓰는 수식어

∙∙

수식어는 「전치사 + 명사」 또는 부사 형태로 붙여 주세요.
✓ with my friend 친구와 함께, last night 지난밤에, fast 빠르게

전치사를 모른다면 **131쪽 참고** ▶

point 목적어가 필요 없는 동사

swim 수영하다 arrive 도착하다 leave 떠나다 go 가다 run 달리
다 work 일하
다 cook 요리하다 talk 말하다, 이야기하다 wait 기다리다 live 살다 stop 멈추
다 sit 앉다 worry 걱정하다 stand 서다 move 움직이다, 이사하다 come 돌아
오다 speak 말하다

2 문장으로 익히기 ✦

 주어와 동사, 수식어를 잘 구분하면서 응용 문장을 읽어 보세요.

This bus goes to the airport. 이 버스는 공항으로 가요.

- -

He works here. 그는 여기서 일해요.

- -

Tommy cooks well. 토미는 요리를 잘해요.

- -

You can pay over there. 저쪽에서 계산하시면 됩니다.

- -

It's raining a lot. 비가 많이 오고 있어요.

- -

We were waiting at the cafe.
우리는 카페에서 기다리고 있었어요.

- -

May I speak to Jane? 제인과 통화할 수 있을까요?

- -

Amy will leave tomorrow. 에이미는 내일 떠날 거예요.

- -

Jane is talking on the phone.
제인은 전화 통화 중이에요.

- -

I have lived in Seoul for 3 years.
저는 서울에서 3년 동안 살았어요.

- -

to the airport 공항으로 | here 여기서 | well 잘 | pay 계산하다, 지불하다 |
over there 저쪽에서 | a lot 많이 | at the cafe 카페에서 | speak 말하다 | on
the phone 전화로 | in Seoul 서울에서 | for 3 years 3년 동안

✎ 다음 문장의 수식어에 밑줄을 쳐 보세요.

1 This bus goes to the airport.

2 He works here.

3 Tommy cooks well.

4 You can pay over there.

5 It is raining a lot.

6 We were waiting at the cafe.

7 May I speak to Jane?

8 Amy will leave tomorrow.

9 Jane is talking on the phone.

10 I have lived in Seoul for 3 years.

4 한 번 더 확인 ✨

목적어가 없는 문장

주어	+	동사	+	수식어
We		**arrived**		**in New York**
우리는		도착했다		뉴욕에

「주어 + 동사」만으로도 완벽한 문장을 이룰 수 있으며 필요한 경우 뒤에 수식어를 붙임

🔊 배운 내용을 확인해 볼까요? 다음 문장을 영어로 말해 보세요.

1
그는 여기서 일해요.

2
저는 서울에서 3년 동안 살았어요.

3
저쪽에서 계산하시면 됩니다.

조금만 더 화이팅!!

정답 184쪽 ▶

목적어가 있는 문장

▌핵심 포인트 ✦☆

목적어(~을, ~를)가 필요한 동사로 문장을 만들 때는 「주어 + 동사 + 목적어」의 형태로 써요. 동사의 의미와 종류에 따라 목적어가 한 개일 수도, 두 개일 수도 있습니다.

★ 목적어가 한 개

주어	+	동사	+	목적어
I		**love**		**you**
나는		사랑한다		너를

> **point** 목적어가 한 개 필요한 동사
>
> have 가지고 있다 like 좋아하다 need 필요하다 buy 사다, 구입하다 take 가지고 가다, 타다 miss 놓치다 use 사용하다 want 원하다 get 얻다, 받다

★ 목적어가 두 개

주어	+	동사	+	목적어1	+	목적어2
I		**gave**		**her**		**some flowers**
나는		주었다		그녀에게		꽃을

> **point** 목적어가 두 개 필요한 동사
>
> buy ~에게 ~을 사 주다 give ~에게 ~을 주다 make ~에게 ~을 만들어 주다 ask ~에게 ~을 물어보다 tell ~에게 ~을 말하다 show ~에게 ~을 보여 주다

2 문장으로 익히기 ✦

원어민 발음 듣기 5-2

 주어와 동사, 목적어를 잘 구분하면서 응용 문장을 읽어 보세요.

I have a problem. 문제가 생겼어요.

- -

I've missed my flight. 비행기를 놓쳤어요.

- -

I took a bus. 저는 버스를 탔어요.

- -

May I use your pen? 펜 좀 사용할 수 있을까요?

- -

I will text you later. 나중에 문자 보낼게요.

- -

She likes spicy food. 그녀는 매운 음식을 좋아해요.

- -

Could **you give** me **a discount**?
할인을 좀 해 주실 수 있나요?

Can **you tell** me **the address** again?
주소 좀 다시 말씀해 주시겠어요?

- -

Could **you show** me **your ID**? 신분증 좀 보여 주시겠어요?

- -

May I ask you **a question**? 질문 하나 드려도 될까요?

- -

miss 놓치다 | flight 비행편 | take a bus 버스를 타다 | use 사용하다 | text
문자를 보내다 | later 나중에 | discount 할인 | address 주소 | ID 신분증
(identification의 약어) | ask 묻다

3 확인 문제 ✭

✎ 다음 문장의 목적어에 밑줄을 쳐 보세요. (한 개 또는 두 개)

❶ I took a bus.

❷ I've missed my flight.

❸ May I ask you a question?

❹ May I use your pen?

❺ Could you show me your ID?

❻ I will text you later.

❼ She likes spicy food.

❽ Could you give me a discount?

❾ I have a problem.

❿ Can you tell me the address again?

★ **목적어가 있는 문장** ★

- -

주어 + 동사 + 목적어
I   love   you

주어 + 동사 + 목적어1 + 목적어2
I   gave   her   some flowers

🔊 배운 내용을 확인해 볼까요? 다음 문장을 영어로 말해 보세요.

1
저는 버스를 탔어요.

2
질문 하나 드려도 될까요?

3
비행기를 놓쳤어요.

내일도 화이팅?

정답 184쪽

Day 3

보어가 있는 문장

1 핵심 포인트 ✦

주어나 목적어를 보충 설명해 주는 보어가 필요한 동사도 있습니다. 예를 들어 become은 '~이 되다'라는 뜻의 동사인데 「주어 + become」만 쓰면 주어가 무엇이 되었는지 알 수 없어요. 그래서 become 뒤에 주어를 보충 설명해 주는 보어가 필요하답니다.

★ 주어를 보충 설명하는 보어

> ✦ 주어인 그녀가 키가 큰 것이니까
> tall은 주어를 보충 설명하는 보어

주어	+	동사	+	보어
She		**is**		**tall**
그녀는		~이다		키가 큰

point 주어를 보충 설명하는 보어가 필요한 동사

become ~이 되다 be ~이다, ~에 있다 look ~처럼 보이다 turn ~이 되다
get (어떤 상태가) 되다

★ 목적어를 보충 설명하는 보어

> ✦ 목적어인 우리가 미소를 짓는 것이니까
> smile은 목적어를 보충 설명하는 보어

주어	+	동사	+	목적어	+	보어
He		**made**		**us**		**smile**
그는		만들었다		우리를		미소 짓게

point 목적어를 보충 설명하는 보어가 필요한 동사

make, have, let ~를 ~하게 만들다 call ~를 ~라고 부르다 see[hear] ~가 ~하는 것을 보다[듣다] want ~가 ~하길 원하다 ask ~에게 ~해 달라고 요청하다

2 문장으로 익히기

 주어와 동사, 보어를 잘 구분하면서 응용 문장을 읽어 보세요.

You look good. 당신 좋아 보여요.

I'm 34 years old. 저는 34살이에요.

She became a professor. 그녀는 교수가 되었어요.

It's getting cold. 점점 추워지고 있어요.

He will turn 30 next year. 그는 내년에 서른 살이 돼요.

You make me angry. 저를 화나게 만드시네요.

We asked him to leave. 우리는 그에게 나가 달라고 부탁했어요.

I saw him crying. 그 사람이 울고 있는 걸 봤어요.

You can call me Jenny. 저를 제니라고 부르셔도 돼요.

Can you let me know your phone number?
제게 전화번호 좀 알려 주시겠어요?

---

look + 형용사 ~처럼 보이다 | become ~이 되다 | professor 교수 | cry 울
다 | know 알다 (let me know: 내게 알려 줘) | phone number 전화번호

3 확인 문제 ✧✧

✎ **다음 문장에서 목적어는 동그라미, 보어는 세모 표시를 해 보세요.**

❶ I am 34 years old.

❷ You look good.

❸ We asked him to leave.

❹ It's getting cold.

❺ You make me angry.

❻ She became a professor.

❼ He will turn 30 next year.

❽ You can call me Jenny.

❾ Can you let me know your phone number?

❿ I saw him crying.

4 한 번 더 확인 ✨

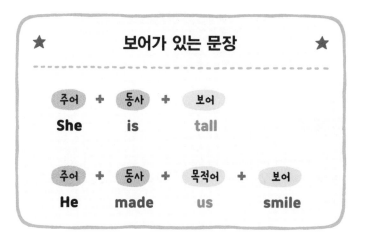

보어가 있는 문장

| 주어 | + | 동사 | + | 보어 |
| She | | is | | tall |

| 주어 | + | 동사 | + | 목적어 | + | 보어 |
| He | | made | | us | | smile |

🔊 배운 내용을 확인해 볼까요? 다음 문장을 영어로 말해 보세요.

1
저를 화나게
만드시네요.

2
그는 내년에
서른 살이 돼요.

3
제게 전화번호 좀
알려주시겠어요?

작심삼일
극뽁!

정답 185쪽

문장의 구성을 학습한 당신,
이 정도는 말할 수 있다!

★ **상황 1**

여행 중 물건을 사러 시장에 간 당신, 마음에 드는 물건이 있는데 가격이 너무 비싸 흥정을 하고 싶어요. 할인을 좀 해달라고 말해 볼까요?

➡

_____

★ **상황 2**

새로 사귄 외국인에게 이름을 알려 준 당신, 그 사람이 한국어 발음을 어려워하네요. 그냥 당신을 영어 이름인 Jenny로 불러도 된다고 말해 볼까요?

➡

_____

Could you give me a discount? / You can call me Jenny.

맨날 최선을 다하면 피곤해서 못 살아~
작심삼일만 해도 충분하다니까!

여섯 번째 작심삼일

to부정사

**I'm surprised
to see you here.**
여기서 만나다니 놀랍네요.

어?
너?

후줄근~

턱!

전 남친, 너를 왜 지금,
여기서...

to부정사란

to부정사는 동사원형 앞에 to를 붙여서 만들어요. '부정'
은 정해진 것이 없다는 뜻으로 **정해진 품사가 없고** 시제
에 상관없이 **늘 같은 모양**으로 쓰입니다. 그래서 문장에
서 **명사, 형용사, 부사 역할**을 하고 이에 따라 해석도 달
라져요. to부정사라는 이름을 가졌지만 뿌리는 동사이기
때문에 **목적어를 그대로 가집니다**(to eat an apple, to
meet my friend). 이제 to부정사 학습을 위한 작심삼일
을 시작해 볼까요?

Day 1 ┃ 동사 + to부정사

Day 2 ┃ 명사 + to부정사

Day 3 ┃ 문장 + to부정사

Day 1

동사 + to부정사

▌ 핵심 포인트 ✦ ✧

to부정사는 명사처럼 동사의 목적어 역할을 할 수 있어요. 해석은 '~하는 것을, ~하기를'이라고 하면 돼요. 동사 want(원하다)와 to eat(먹기를, 먹는 것을)을 함께 쓰면 want to eat(먹기를 원하다)이 되는 거죠. to부정사를 목적어로 쓸 수 있는 동사의 종류를 익혀서 활용해 보세요.

★ to부정사를 목적어로 쓰는 동사

want		~하기를 원하다, ~하고 싶다
hope		~하기를 바라다
need		~하기를 필요로 하다
learn		~하는 것을 배우다
expect	**+** to부정사	~하기를 기대하다
start		~하는 것을 시작하다
like		~하기를 좋아하다
decide		~하기로 결심하다
would like		~하고 싶어 하다
plan		~하기를 계획하다

목적어로 쓰인 to부정사를 잘 살펴보면서 응용 문장을 읽어 보세요.

I **want to rent** a car. 저는 차를 빌리고 싶어요.

- -

Tommy **decided to leave** Seoul.
토미는 서울을 떠나기로 결정했어요.

- -

I **expect to hear** good news from you.
당신에게 좋은 소식을 듣길 기대할게요.

- -

She **plans to stay** at the Grand Hotel.
그녀는 그랜드 호텔에 머물 계획이에요.

- -

I **hope to see** you again. 다시 만나 뵙기를 바랍니다.

- -

I **would like to try** this on. 저 이거 입어 보고 싶어요.

- -

It will **start to rain** soon. 곧 비가 올 거예요.

- -

Did you **learn to swim**? 수영 배웠어요?

- -

You don't **need to worry** about that.
그건 걱정하지 않아도 돼요. / 그것에 대해 걱정할 필요 없어요.

- -

I **like to watch** movies. 저는 영화 보는 거 좋아해요.

- -

rent 빌리다 | stay at ~에 머물다 | try something on ~을 입어 보다[신어 보다] | worry about ~에 대해 걱정하다 | watch movies 영화를 보다

3 확인 문제

✎ 괄호 안에 주어진 단어를 알맞게 배열해 보세요.

❶ I (to, see, hope, you) again.

_____

❷ It will (to, start, rain) soon.

_____

❸ I (to, watch, like, movies).

_____

❹ I (want, rent, to, a car).

_____

❺ I (like, try, to, would) this on.

_____

❻ I (to, good news, expect, hear) from you.

_____

❼ She (stay, to, plans) at the Grand Hotel.

_____

❽ You (worry, don't, to, need) about that.

_____

★ **동사 + to부정사** ★

- -

want, need, hope,
plan, decide, expect, **+** to부정사
learn, decide, like

🔊 배운 내용을 확인해 볼까요? 다음 문장을 영어로 말해 보세요.

1
저는 영화 보는 거
좋아해요.

2
저는 차를 빌리고
싶어요.

3
당신에게 좋은 소식을
듣길 기대할게요.

조금만 더
화이팅!!

정답 185쪽

명사 + to부정사

| 핵심 포인트

to부정사는 형용사처럼 명사를 꾸며 주는 역할도 합니다. 이때는 to부정사가 명사의 뒤에 자리해요. 해석은 '~하는, ~할'이라고 하면 됩니다. water(물)라는 명사 뒤에 to drink(마실)가 붙으면 water to drink(마실 물)가 되는 거죠.

 +

something
어떤 것

to show you
너에게 보여 줄

I have **something** to show you.
당신에게 보여 줄 것이 있어요.

명사 **+**

time
시간

to leave
떠날

It's **time** to leave.
떠날 시간입니다.

2 문장으로 익히기

 형용사로 쓰인 to부정사를 잘 살펴보면서 응용 문장을 읽어 보세요.

I need **someone to help** me. 저를 도와줄 사람이 필요해요.

- -

It's **time to have** lunch. 점심 먹을 시간이에요.

- -

She has **much work to do** today.
그녀는 오늘 해야 할 업무가 많아요.

- -

Can you recommend **a good place to visit**?
가 볼 만한 좋은 장소를 추천해 주실래요?

- -

Do you have **anything to declare**? 신고할 물건이 있습니까?

- -

We should bring **something to wear**.
우리는 입을 만한 걸 가져오는 게 좋겠어요.

- -

There is **nothing to worry** about. 걱정할 건 아무것도 없어요.

- -

Can I get **something to eat**? 뭐 좀 먹을 게 있나요?

- -

I don't have **any book to read**. 저는 읽을 책이 하나도 없어요.

- -

Would you like **something to drink**? 마실 것 좀 드릴까요?

- -

someone 누군가 | much work 많은 일 | recommend 추천하다 | place 장소 | anything 무언가, 아무것 | declare (세관에) 신고하다 | bring 가져오다 | something 어떤 것 | nothing 아무것도

✎ **다음 주어진 말을 우리말 혹은 영어로 써 보세요.**

① 가 볼 만한 좋은 장소 　　　　　　　　　_____

② someone to help me 　　　　　　　　　_____

③ much work to do 　　　　　　　　　_____

④ anything to declare 　　　　　　　　　_____

⑤ 마실 것 　　　　　　　　　_____

⑥ 점심 먹을 시간 　　　　　　　　　_____

⑦ 걱정할 건 아무것도 없음 　　　　　　　　　_____

⑧ something to eat 　　　　　　　　　_____

⑨ 입을 것 　　　　　　　　　_____

⑩ a book to read 　　　　　　　　　_____

4 한 번 더 확인 ✦✦

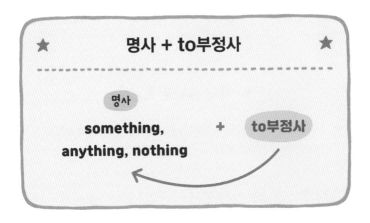

명사 + to부정사

명사
something,
anything, nothing

+ **to부정사**

🔊 배운 내용을 확인해 볼까요? 다음 문장을 영어로 말해 보세요.

1
저를 도와줄 사람이
필요해요.

2
점심 먹을
시간이에요.

3
가 볼 만한 좋은 장소를
추천해 주실래요?

내일도
칼거징?

정답 185쪽

Day 3   문장 + to부정사

┃ 핵심 포인트 ✶

to부정사는 문장의 앞이나 뒤에 쓰여 문장을 꾸며 주는 부사의 역할도 합니다. 이때 to부정사는 주로 목적이나 원인을 나타내요.

★ **목적을 나타내는 to부정사** '〜하기 위해, 〜하려고'

I woke up early + to catch the bus
나는 일찍 일어났어요   버스를 타기 위해서

➡ I woke up early **to catch the bus**.
나는 버스를 타기 위해서 일찍 일어났어요.

★ **원인을 나타내는 to부정사** '〜해서'

I'm glad + to meet you   ➡   I'm glad **to meet you**.
나는 기뻐요   당신을 만나서   당신을 만나서 기뻐요.

> **Tip** 감정 표현 + to부정사
> ┄┄┄┄┄┄┄┄┄┄┄┄┄┄┄┄┄┄┄┄┄┄┄
> 원인을 나타내는 to부정사는 감정 표현과 같이 쓰여 감정의 원인을
> 나타내는 역할을 합니다.
> ✓ glad 기쁜, surprised 놀란, sad 슬픈, happy 행복한,
>   honored 영광스러운 + to부정사

문장을 꾸며 주는 to부정사를 잘 살펴보면서 응용 문장을 읽어 보세요.

You have to wait to get in. 들어가려면 기다려야 합니다.

- -

I need a receipt to get a refund.
저는 환불을 받기 위해 영수증이 필요해요.

- -

Tommy called her to say sorry.
토미는 그녀에게 사과를 하기 위해 전화를 걸었어요.

- -

They are standing in line to buy the ticket.
그들은 표를 사기 위해 줄을 서고 있어요.

- -

Go straight to change planes.
비행기를 갈아타려면 곧장 가세요.

- -

We are honored to meet you. 당신을 만나서 영광입니다.

- -

I'm happy to be with you. 당신과 함께 있어서 행복해요.

- -

He was sad to hear the news. 그는 그 소식을 듣고 슬퍼했어요.

- -

I'm sorry to bother you. 방해해서 미안해요.

- -

I'm surprised to see you here. 여기서 만나다니 놀랍네요.

- -

get in 들어가다 | receipt 영수증 | get a refund 환불을 받다 | stand in line 줄을 서다 | go straight 곧장 가다 | change planes 비행기를 갈아타다 | honored 영광으로 생각하는 | bother 방해하다, 귀찮게 하다 | surprised 놀란

3 확인 문제 ✦

✎ 다음 문장의 to부정사가 어떤 용법으로 쓰였는지 고르세요.

① I'm surprised **to see you here**. (원인 / 목적)

② You have to wait **to get in**. (원인 / 목적)

③ I'm happy **to be with you**. (원인 / 목적)

④ I need a receipt **to get a refund**. (원인 / 목적)

⑤ I'm standing in line **to buy the ticket**. (원인 / 목적)

⑥ Go straight **to change planes**. (원인 / 목적)

⑦ We are honored **to meet you**. (원인 / 목적)

⑧ He was sad **to hear the news**. (원인 / 목적)

⑨ Tommy called her **to say sorry**. (원인 / 목적)

⑩ I'm sorry **to bother you**. (원인 / 목적)

4 한 번 더 확인

★ **문장 + to부정사** ★

- -

목적 ~하기 위해서

원인 ~해서, ~하니까

배운 내용을 확인해 볼까요? 다음 문장을 영어로 말해 보세요.

1
비행기를 갈아타려면
곧장 가세요.

2
그는 그 소식을 듣고
슬퍼했어요.

3
당신과 함께 있어서
행복해요.

작심삼일
극뽁!

정답 185쪽

to부정사를 학습한 당신,
이 정도는 말할 수 있다!

★ **상황 1**

쇼핑을 하러 간 당신. 마음에 드는 재킷을 발견해서 입어 보고 싶네요.
점원에게 입어 보고 싶다고 말해 볼까요?

➡

★ **상황 2**

옆자리에서 일하고 있는 동료에게 무언가를 부탁해야 하는 당신, 방해
해서 미안하다고 말해 볼까요?

➡

I would like to try this on. / I'm sorry to bother you.

뭐하러 꾸준히 해?

3일씩만 열심히 할 건데...?

동명사

I spent two hours looking around the shop.
저는 가게를 둘러보느라
두 시간을 보냈어요.

다 예뻐서
못 고르겠어~

사긴 하실...거죠?

선택장애 발동

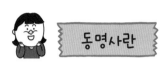

동명사란

동명사는 동사원형 뒤에 −ing를 붙여서 만들어요. '∼하는 것'이라는 뜻으로 **명사 역할**을 할 수 있어서 문장의 주어로 쓸 수 있고, 동사의 목적어로도 쓸 수 있어요. 또 동명사는 to부정사와 달리 at, on, in, of 같은 **전치사 뒤에 쓸 수도 있습니다.** 이제부터 동명사 학습을 위한 작심삼일을 시작해 볼까요?

Day 1 **동사 + 동명사**

Day 2 **전치사 + 동명사**

Day 3 **동명사 관용 표현**

Day 1

동사 + 동명사

✏ 핵심 포인트 ✨

동명사는 명사처럼 동사의 목적어 역할을 할 수 있어요. 해석은 '~하는 것을, ~하기를'이라고 하면 돼요. 동사 enjoy(즐기다)와 reading(책 읽기를)을 같이 쓰면 enjoy reading(책 읽는 것을 즐긴다)이 되는 거죠. 목적어로 동명사만 쓰는 동사도 있고, to부정사만 쓰는 동사도 있는데, 둘 다 쓰는 동사도 있으니 잘 구분해서 써야 해요.

to부정사를 목적어로 쓰는 동사는 100쪽 참고

★ 동명사를 목적어로 쓰는 동사

enjoy		~하는 걸 즐기다
finish		~하는 것을 끝내다
avoid	+ 동명사	~하는 걸 피하다
quit		~하는 걸 그만두다
mind		~하는 걸 꺼리다
consider		~하는 걸 고려하다

★ 동명사와 to부정사를 둘 다 목적어로 쓰는 동사

start		~하는 걸 시작하다
like	+ 동명사	~하는 것을 좋아하다
love	to부정사	~하는 걸 사랑하다[아주 좋아하다]
hate		~하는 것을 싫어하다

2 문장으로 익히기

원어민 발음 듣기 7-1

 목적어로 쓰인 동명사를 잘 살펴보면서 응용 문장을 읽어 보세요.

You should **avoid walking** alone at night here.
이곳에서는 밤에 혼자 걷는 걸 피해야 해요.

- -

Would you **mind calling** back later?
이따가 다시 전화해 주시겠어요?

- -

We are **considering moving** to Seoul.
우리는 서울로 이사 가는 걸 고려하고 있어요.

- -

You have to **quit smoking.** 당신은 담배를 끊어야 해요.

- -

I've just **finished eating.** 방금 식사를 마쳤어요.

- -

It **started raining**[**to rain**]. 비가 오기 시작했어요.

- -

I **like watching**[**to watch**] movies.
난 영화 보는 걸 좋아해요.

- -

I **love trying**[**to try**] new foods.
난 새로운 음식을 먹어 보는 걸 아주 좋아해요.

- -

I **hate telling**[**to tell**] a lie. 나는 거짓말하는 걸 싫어해요.

- -

Do you **mind opening** the window? 창문 좀 열어 줄래요?

- -

alone 혼자 | at night 밤에 | move to ~ ~로 이사 가다 | smoke 담배를 피우다 | try 접하다, 시도하다 | tell a lie 거짓말을 하다

✏️ 괄호 안에 주어진 단어를 알맞은 형태로 바꿔 빈칸에 넣어 보세요.

❶ Do you mind _____ the window? (open)

❷ It started _____. (rain)

❸ We are considering _____ to Seoul. (move)

❹ I hate _____ a lie. (tell)

❺ I've just finished _____. (eat)

❻ Would you mind _____ back later? (call)

❼ I like _____ movies. (watch)

❽ I love _____ new foods. (try)

❾ You have to quit _____. (smoke)

❿ You should avoid _____ alone at night here. (walk)

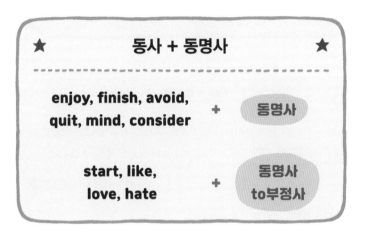

★ **동사 + 동명사** ★

- -

enjoy, finish, avoid,
quit, mind, consider + 동명사

start, like,
love, hate + 동명사
to부정사

🔊 배운 내용을 확인해 볼까요? 다음 문장을 영어로 말해 보세요.

1
당신은 담배를
끊어야 해요.

2
비가 오기
시작했어요.

3
나는 거짓말하는 걸
싫어해요.

조금만 더
화이팅!!

정답 186쪽

전치사 + 동명사

Day 2

핵심 포인트 ⋆

전치사는 명사와 함께 쓰이는데 동명사는 명사 역할을 하니까 전치사 뒤에 쓸 수 있습니다. 자주 쓰이는 전치사와 동명사 구문을 익혀 볼까요?

전치사에 대한 설명은 **131쪽 참고** ▶

- **feel like –ing** ~하고 싶다

- **thank you for –ing** ~해서 고맙다

- **be sorry for –ing** ~해서 미안하다

- **worry about –ing** ~에 대해 걱정하다

- **how/what about –ing?** ~하는 건 어때요?

- **be excited about –ing** ~해서 설레다[신이 나다]

- **look forward to –ing** ~을 고대하다

2 문장으로 익히기 ⭐

원어민 발음 듣기 7-2

 전치사 뒤의 동명사를 잘 살펴보면서 응용 문장을 읽어 보세요.

I'm looking forward **to seeing** you again.
다시 만나길 바랍니다.

- -

Do you feel **like eating** pizza? 피자 먹고 싶어요?

- -

Thank you **for helping** me. 저를 도와주셔서 고마워요.

- -

I'm excited **about moving** to Seoul.
서울로 이사 가서 설레요.

- -

How[What] **about going** for a drink?
한잔하러 가는 거 어때요?

- -

I'm sorry **for bothering** you. 방해해서 미안해요.

- -

I'm sorry **for being** late. 늦어서 죄송해요.

- -

How[What] **about having** lunch together?
같이 점심 먹는 거 어때요?

- -

I worry **about having** a job interview.
취업 면접 보는 게 걱정돼요.

- -

We feel **like trying** new foods.
우리는 새로운 음식을 먹어 보고 싶어요.

- -

a drink 술 (한잔) | bother 방해하다, 귀찮게 하다 | late 늦은 | have lunch 점심을 먹다 | job interview 취업 면접

✎ **다음 괄호 안에서 알맞은 것을 고르세요.**

1 I'm looking forward to (see, seeing) you again.

2 Do you feel (for, like) eating pizza?

3 Thank you (to, for) helping me.

4 I'm excited about (move, moving) to Seoul.

5 What about (to go, going) for a drink?

6 I'm sorry (to, for) bothering you.

7 I worry about (have, having) a job interview.

8 How (like, about) having lunch together?

9 We feel like (try, trying) new foods.

10 I'm sorry for (be, being) late.

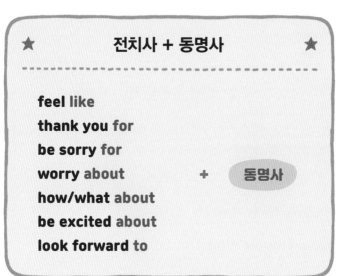

★ **전치사 + 동명사** ★

- -

feel like
thank you for
be sorry for
worry about   +   동명사
how/what about
be excited about
look forward to

🔊 배운 내용을 확인해 볼까요? 다음 문장을 영어로 말해 보세요.

1
다시 만나길 바랍니다.

2
저를 도와주셔서
고마워요.

3
같이 점심 먹는 거
어때요?

내일도
할꺼지?

정답 186쪽

동명사 관용 표현

▎ 핵심 포인트

동명사를 이용해 말할 수 있는 다양한 관용 표현이 있습니다. 전치사가 없어도 동명사를 쓴다는 걸 유의하면서 다음 관용 표현을 익혀보세요.

- **cannot help -ing** ~하지 않을 수 없다

- **have trouble -ing** ~하는 데 어려움을 겪다

- **be worth -ing** ~할 가치가 있다

- **spend time[money] -ing** ~하는 데 시간[돈]을 쓰다

- **go -ing** ~하러 가다

2 문장으로 익히기 ✦

원어민 발음 듣기 7-3

 동명사 관용 표현의 뜻을 잘 살펴보면서 응용 문장을 읽어 보세요.

We **spent two hours** looking around the shop.
우리는 그 가게를 둘러보느라 두 시간을 보냈어요.

- -

I **had trouble** quitting smoking.
저는 담배를 끊는 데 어려움을 겪었어요.

- -

She **had trouble** catching a taxi.
그녀는 택시를 잡는 데 어려움을 겪었어요.

- -

I want to **go shopping**. 나는 쇼핑하러 가고 싶어요.

- -

I **couldn't help** being late. 나는 늦을 수밖에 없었어요.

- -

This place **is worth** visiting. 이 장소는 방문할 가치가 있어요.

- -

We will **go hiking** this weekend.
우리는 이번 주말에 하이킹하러 갈 거예요.

- -

I **couldn't help** seeing a doctor.
저는 병원에 갈 수밖에 없었어요.

- -

The book **is worth** reading. 그 책은 읽을 가치가 있어요.

- -

I **spent 100 dollars** buying the ticket.
저는 그 표를 사는 데 100달러를 썼어요.

- -

look around ~ ~를 둘러보다 | quit smoking 담배를 끊다 | catch a taxi 택
시를 잡다 | hike 하이킹하다 | see a doctor 병원에 가다, 진찰받으러 가다

✎ **다음 우리말 해석에 맞게 빈칸에 알맞은 단어를 써 넣어 보세요.**

1. We _____ two hours _____ around the shop.
   우리는 그 가게를 둘러보느라 두 시간을 보냈어요.

2. I had _____ _____ smoking.
   저는 담배를 끊느라 어려움을 겪었어요.

3. The book is _____ _____.
   그 책은 읽을 가치가 있어요.

4. I want to _____ _____.
   나는 쇼핑하러 가고 싶어요.

5. I couldn't _____ _____ late.
   나는 늦을 수밖에 없었어요.

6. This place is _____ _____.
   이 장소는 방문할 가치가 있어요.

7. We will _____ _____ this weekend.
   우리는 이번 주말에 하이킹하러 갈 거예요.

8. I couldn't _____ _____ a doctor.
   저는 병원에 갈 수밖에 없었어요.

9. She had _____ _____ a taxi.
   그녀는 택시를 잡느라 어려움을 겪었어요.

10. I _____ 100 dollars _____ the ticket.
    저는 그 표를 사는 데 100달러를 썼어요.

★ **동명사의 관용 표현** ★

- -

cannot help
have trouble
be worth   **+** 동명사
spend time[money]
go

🔊 배운 내용을 확인해 볼까요? 다음 문장을 영어로 말해 보세요.

1
우리는 이번 주말에
하이킹하러 갈 거예요.

2
저는 그 표를 사는 데
100달러를 썼어요.

3
그녀는 택시를 잡는 데
어려움을 겪었어요.

작심삼일
극복!

정답 186쪽

동명사를 학습한 당신, 이 정도는 말할 수 있다!

★ 상황 1

친구와 약속이 있는 당신, 하지만 차가 많이 막혀서 약속 시간에 늦어 버렸네요. 친구에게 늦어서 미안하다고 말해 볼까요?

➡

★ 상황 2

동료들과 함께 퇴근한 당신, 그냥 집에 들어가기 아쉽네요. 동료들에게 술 한잔하러 가자고 말해 볼까요?

➡

I'm sorry for being late. / How[What] about going for a drink?

Q : 하루에 얼마나 공부해야 되나요?

될놈
최대한 많이 하려고 한다.

안될놈
이 질문을 한다.

전치사

히익—

I found a hair in my soup.
제 수프 안에
머리카락이 있네요.

너가 왜 거기서 나와?

전치사란?

전치사는 문장에서 **시간, 장소, 위치, 방법 등을 나타내는 역할**을 해요. I live.라고 하면 그냥 '나는 산다.'라는 뜻이지만 전치사를 이용하여 I live in Seoul.이라고 하면 '나는 서울에서 산다.'라는 뜻으로 구체적으로 어디에 사는지 알려 줍니다. **전치사는 뒤에 (동)명사를 데리고 다녀서 「전치사 + (동)명사」 형태**로 쓴답니다. 그럼 지금부터 전치사를 위한 작심삼일을 시작해 볼까요?

Day 1 시간 전치사

Day 2 장소 전치사

Day 3 여러 가지 전치사

Day 1

시간 전치사

- **어느 한 시점이나 정확한 시각을 나타내는 (at)** ~에

  at 3 o'clock   3시에   at present   현재에

- **날짜, 요일, 특정한 날을 나타내는 (on)** ~에

  on Friday   금요일에   on Christmas   크리스마스에

- **월, 년, 계절처럼 비교적 긴 시간을 나타내는 (in)** ~에

  in October   10월에   in 2020   2020년에

2 문장으로 익히기 ✨✩

원어민 발음 듣기 8-1

 시간을 나타내는 전치사를 잘 살펴보면서 응용 문장을 읽어 보세요.

The stores close **at midnight**. 가게들은 자정에 문을 닫아요.

- -

My birthday is **on October 25th**. 제 생일은 10월 25일이에요.

- -

The winter vacation begins **in December**.
겨울 방학은 12월에 시작해요.

- -

My plane departs **at 2:30**. 제 비행기는 2시 30분에 출발해요.

- -

I was born **in 1983**. 저는 1983년에 태어났어요.

- -

I usually feel tired **on Mondays**.
저는 보통 월요일에는 피로를 느껴요.

- -

We like to go camping **in summer**.
우리는 여름에 캠핑을 가는 걸 좋아해요.

- -

I have nothing to say **at this moment**.
지금은 할 말이 없어요.

- -

I'd like to rent a car **on Saturday**.
저는 토요일에 차를 빌리고 싶어요.

- -

Don't walk around alone **at night**.
밤에 혼자 돌아다니지 마세요.

- -

midnight 자정 | depart 출발하다, 떠나다 | be born 태어나다 | usually 보통 |
feel tired 피로를 느끼다 | go camping 캠핑을 가다 | moment 순간

3 확인 문제 ✧✧

✎ 괄호 안에 주어진 전치사 중 알맞은 것을 고르세요.

① The stores close (at, on) midnight.

② I usually feel tired (in, on) Mondays.

③ My birthday is (in, on) October 25th.

④ My plane departs (on, at) 2:30.

⑤ Don't walk around alone (in, at) night.

⑥ I was born (in, on) 1983.

⑦ The winter vacation begins (in, on) December.

⑧ I have nothing to say (on, at) this moment.

⑨ We like to go camping (in, on) summer.

⑩ I'd like to rent a car (on, in) Saturday.

4 한 번 더 확인

★ 시간 전치사 ★

- **at** + 어느 한 시점이나 정확한 시각
- **on** + 날짜, 요일, 특정한 날
- **in** + 월, 년, 계절처럼 비교적 긴 시간

🔊 배운 내용을 확인해 볼까요? 다음 문장을 영어로 말해 보세요.

1
저는 1983년에
태어났어요.

2
우리는 여름에 캠핑을
가는 걸 좋아해요.

3
제 비행기는
2시 30분에 출발해요.

조금만 더
화이팅!!

정답 186쪽 ▶

장소 전치사

┃ 핵심 포인트 ✨

- **비교적 좁은 지점을 나타내는 at** ~에, ~에서

  at a store 가게에서
  at the corner 골목에서

- **표면 위에 접촉해 있음을 나타내는 on** ~에, ~위에

  on the table 식탁 위에
  on the wall 벽에

- **비교적 넓은 공간이나 장소 안을 나타내는 in** ~에, ~안에

  in London 런던에
  in a building 건물 안에

> **Tip** to와 from
>
> | 어느 지점까지 이동 방향을 나타내는 **to** '~로, ~까지' | 출발이나 시작점을 나타내는 **from** '~부터' |
> |---|---|
> | √ to school 학교로 | √ from Seoul 서울에서 |
> | √ to the right 오른쪽으로 | √ from the tree 나무로부터 |

2 문장으로 익히기

원어민 발음 듣기 8-2

 장소를 나타내는 전치사를 잘 살펴보면서 응용 문장을 읽어 보세요.

You can get a map **at the subway station**.
지하철역에서 지도를 얻을 수 있어요.

I'm going to stay **at the Grand Hotel**.
저는 그랜드 호텔에서 머무를 거예요.

Tommy works **at the airport**. 토미는 공항에서 일해요.

I had a great time **in London**.
저는 런던에서 좋은 시간을 보냈어요.

I found a hair **in my soup**. 제 수프 안에 머리카락이 있네요.

They are sitting **on the beach**. 그들은 해변가에 앉아 있어요.

The restaurant is **on the third floor**.
그 식당은 3층에 있어요.

Am I **on the right bus** to City Hall?
제가 시청 가는 버스 제대로 탄 거 맞나요?

Does this train go **to Waterfront**?
이 기차는 워터프론트에 가나요?

It takes about 10 minutes **from here to the market**.
여기서부터 시장까지 10분 정도 걸립니다.

get 얻다 | map 지도 | have a great time 좋은 시간을 보내다 | find 찾다, 발견하다 (과거형: found) | hair 머리카락 | the third floor 3층 | take (시간이) 걸리다

✎ 괄호 안에 주어진 전치사 중 알맞은 것을 고르세요.

❶ I'm going to stay (on, at) the Grand Hotel.

❷ Does this train go (at, to) Waterfront?

❸ Tommy works (on, at) the airport.

❹ Am I on the right bus (in, to) City Hall?

❺ I had a great time (on, in) London.

❻ You can get a map (to, at) the subway station.

❼ They are sitting (from, on) the beach.

❽ I found a hair (in, at) my soup.

❾ The restaurant is (on, to) the third floor.

❿ It takes about 10 minutes (from, on) here to the market.

4 한 번 더 확인

★ **장소 전치사** ★

- -

at + 비교적 좁은 지점

on + 접촉해 있는 표면

in + 비교적 넓은 공간이나 장소 안

배운 내용을 확인해 볼까요? 다음 문장을 영어로 말해 보세요.

1
제 수프 안에
머리카락이 있네요.

2
그 식당은 3층에
있어요.

3
저는 런던에서
좋은 시간을 보냈어요.

내일도
할거징?

정답 187쪽

여러 가지 전치사

핵심 포인트

● **수단을 나타내는 by** ~로

by bus 버스로, 버스를 타고

by letter 편지로

> **Tip** by + 동명사
>
> by 뒤에 동명사를 써서 수단과 방법을 나타낼 수도 있어요.
> ✓ You can study English by **using** this app.
>   이 앱을 이용해서 영어를 공부할 수 있어요.

● **동반의 의미를 나타내는 with** ~와 함께, ~를 가지고

with you 당신과 함께

with a knife 칼을 가지고

● **관련을 나타내는 about** ~에 대하여

about money 돈에 관련해서

about him 그에 관해서

2 문장으로 익히기

 여러 가지 전치사를 잘 살펴보면서 응용 문장을 읽어 보세요.

Can I pay **by credit card**? 신용카드로 계산해도 될까요?

- -

I went to work **by taxi**. 저는 택시로 출근했어요.

- -

Can I send this **by express mail**?
이것을 빠른 우편으로 보낼 수 있을까요?

- -

Can I take a picture **with you**?
당신과 함께 사진을 찍을 수 있을까요?

I will have the steak **with red wine**.
저는 스테이크와 레드 와인으로 할게요.

We talked **about the problem**.
우리는 그 문제에 대해 이야기를 나눴어요

- -

Don't worry **about me**. 제 걱정은 하지 마세요.

- -

It takes 3 hours **by car**. 차로 세 시간 걸려요.

- -

I don't know anything **about him**.
전 그에 대해 아무것도 몰라요.

- -

Would you like to go shopping **with me**?
나랑 같이 쇼핑하러 갈래요?

credit card 신용카드 | go to work 출근하다 | send 보내다 | express mail 빠른 우편 | take a picture 사진을 찍다 | steak 스테이크 | take (시간이) 걸리다

3 확인 문제 ✦✦

✎ 괄호 안에 주어진 전치사 중 알맞은 것을 고르세요.

① I will have the steak (with, about) red wine.

② I went to work (by, about) taxi.

③ Can I take a picture (by, with) you?

④ Don't worry (about, by) me.

⑤ Can I pay (by, about) credit card?

⑥ Would you like to go shopping (by, with) me?

⑦ We talked (by, about) the problem.

⑧ It takes 3 hours (about, by) car.

⑨ Can I send this (by, about) express mail?

⑩ I don't know anything (about, with) him.

> ★ **여러 가지 전치사** ★
>
> -
>
> 수단을 나타내는 (by) ~로
>
> 동반의 의미를 나타내는 (with) ~와 함께, ~를 가지고
>
> 관련을 나타내는 (about) ~에 대하여

🔊 배운 내용을 확인해 볼까요? 다음 문장을 영어로 말해 보세요.

1
신용카드로
계산해도 될까요?

2
제 걱정은
하지 마세요.

3
차로 세 시간
걸려요.

작심삼일
극뽁!

정답 187쪽

전치사를 학습한 당신, 이 정도는 말할 수 있다!

★ **상황 1**

공항에서 입국 심사를 받고 있는 당신, 어디에서 묵을 거냐는 질문을 받았네요. 그랜드 호텔에서 머무를 거라고 말해 볼까요?

➡

_____

★ **상황 2**

저녁 식사를 하러 식당에 간 당신, 종업원이 다가와 무엇을 주문하겠냐고 묻네요. 스테이크와 함께 레드 와인으로 주문하겠다고 말해 볼까요?

➡

_____

I'm going to stay at the Grand Hotel. / I will have the steak with red wine.

오늘은 여기까지!
더 하다간 천재되겠어!

접속사

접속사란?

단어와 단어, 문장과 문장 또는 같은 성분끼리 연결해 주는 단어를 접속사라고 합니다. 전치사는 반드시 뒤에 명사가 오지만 접속사 뒤에는 명사뿐만 아니라 어구, 문장 전체가 올 수 있어요. 이 점에 유의하면서 접속사를 위한 작심삼일을 시작해 볼까요?

 and, but, or, so

 when, if, because

 whether[if], that

Day 1

and, but, or, so

┃ 핵심 포인트

and, but, or은 단어와 단어, 구와 구, 문장과 문장을 연결하는 접속사인데, 문법적으로 같은 것끼리 연결해요(예: <u>music</u> and <u>movie</u>, <u>cold</u> or <u>hot</u>, <u>on foot</u> or <u>by bus</u>). so는 문장과 문장을 연결합니다.

> '구': 단어가 둘 이상 모여서 만들어진 토막
> 예) on foot(걸어서), in the room(방 안에)

● **and** ~와, ~하고, 그리고

I have **a fever and a runny nose**. 열이 나고 콧물이 나요.

> **Tip** 3개 이상 나열할 때는 마지막 요소 앞에 and
>
> ✓ I like apples, bananas and oranges. 나는 사과, 바나나, 그리고 오렌지를 좋아해.

● **but** ~지만, 그러나, 하지만

I like it, but it's too big for me. 마음에 들지만 저한테 너무 커요.

● **or** 또는, 아니면, ~이나

Would you like some **coffee or tea**? 커피나 차 한잔하시겠어요?

● **so** 그래서, ~해서

I was hungry, so I ate pizza. 배가 고파서 피자를 먹었어요.

2 문장으로 익히기

원어민 발음 듣기 9-1

 접속사를 잘 살펴보면서 응용 문장을 읽어 보세요.

Do you put milk **and** sugar in your coffee?
커피에 우유와 설탕을 넣으시나요?

- -

He **and** I are old friends. 그와 나는 오랜 친구예요.

- -

Can I have a cheeseburger **and** a large Sprite?
치즈버거 하나랑 사이다 큰 거 하나 주시겠어요?

- -

I'm sorry, **but** I can't make it. 미안하지만 못 갈 것 같아요.

- -

Excuse me, **but** can I see your ID?
실례지만 신분증 좀 볼 수 있을까요?

- -

I like it, **but** it's too expensive. 마음에 들지만 너무 비싸네요.

- -

For here **or** to go? 여기서 드시겠어요, 아니면 가져가시겠어요?

- -

Would you like soup **or** salad?
샐러드와 수프 중 어느 것으로 하시겠습니까?

- -

I caught a cold, **so** I went to see a doctor.
감기에 걸려서 진찰을 받으러 갔어요.

- -

I forgot my password, **so** I couldn't log in.
저는 비밀번호를 잊어버려서 로그인할 수 없었어요.

- -

put 넣다 | make it 참석하다, 가다 | excuse me 실례합니다 | too expensive
너무 비싼 | catch a cold 감기에 걸리다 | forget 잊다 | log in 로그인하다

3 확인 문제 ✦

✎ 우리말에 맞게 괄호 안에 주어진 접속사 중 알맞은 것을 고르세요.

❶ I like it, (and, or, but) it's too expensive.
마음에 들지만 너무 비싸네요.

❷ Do you put milk (so, but, and) sugar in your coffee?
커피에 우유와 설탕을 넣으시나요?

❸ He (or, and, so) I are old friends.
그와 나는 오랜 친구예요.

❹ Can I have a cheeseburger (but, or, and) a large
Sprite? 치즈버거 하나랑 사이다 큰 거 하나 주세요.

❺ I'm sorry, (but, and, so) I can't make it.
미안하지만 못 갈 것 같아요.

❻ I caught a cold, (or, but, so) I went to see a doctor.
감기에 걸려서 진찰을 받으러 갔어요.

❼ Excuse me, (and, but, or) can I see your ID?
실례지만 신분증 좀 볼 수 있을까요?

❽ For here (or, and, but) to go?
여기서 드시겠어요. 아니면 가져가시겠어요?

❾ Would you like soup (and, or, but) salad?
샐러드와 수프 중 어느 것으로 하시겠습니까?

❿ I forgot my password, (but, or, so) I couldn't log in.
저는 비밀번호를 잊어버려서 로그인할 수 없었어요.

★ **and, but, or, so** ★

- -

(**and**) ~와, ~하고, 그리고

(**but**) ~지만, 그러나, 하지만

(**or**) 또는, 아니면, ~이나

(**so**) 그래서, ~해서

🔊 배운 내용을 확인해 볼까요? 다음 문장을 영어로 말해 보세요.

1
마음에 들지만
너무 비싸네요.

2
그와 나는 오랜
친구예요.

3
치즈버거 하나랑 사이다
큰 거 하나 주시겠어요?

조금만 더
화이팅!!

정답 187쪽 ▶

when, if, because

I 핵심 포인트 ✦

when, if, because는 문장과 문장을 연결해 주는 역할을 해요. 「when / if / because + 문장」에 또 다른 문장을 붙여 쓰세요.

- **when** ~할 때

  When I'm sleepy, I drink a cup of coffee.
  저는 졸릴 때, 커피를 마셔요.

- **if** ~하면, ~라면

  If you turn left, you will see the bank.
  왼쪽으로 돌면, 은행이 보일 거예요.

- **because** ~때문에, ~해서

  We were late **because** we missed the bus.
  우리는 버스를 놓쳐서 늦었어요.

> **Tip** because와 because of의 차이점
> ....
> because(접속사) + 「주어 + 동사」
> because of(전치사) + 명사
> ✓ I studied hard because <u>I had a test</u>. 저는 시험이 있었기 때문에 열심히 공부했어요.
> ✓ I studied hard because of <u>a test</u>. 저는 시험 때문에 열심히 공부했어요.

접속사를 잘 살펴보면서 응용 문장을 읽어 보세요.

Be careful **when** you cross the street.
길을 건널 때 조심하세요.

- -

Please let me know **when** you're ready to order.
주문할 준비가 되셨을 때 저에게 알려 주세요.

- -

Call me back **when** you have time. 시간 있을 때 다시 전화 주세요.

- -

If you don't mind, can we talk later?
괜찮다면 나중에 이야기해도 될까요?

- -

If you have any questions, please contact us.
문의사항이 있으시면 저희에게 연락 주세요.

- -

If you need any help, let me know. 도움이 필요하면 알려 주세요.

- -

You can sit here **if** you like. 원한다면 여기에 앉으셔도 돼요.

- -

I went to see a doctor **because** I caught a cold.
감기에 걸렸기 때문에 진찰을 받으러 갔어요.

- -

I can't make it **because** I'm too busy.
저는 너무 바빠서 못 갈 것 같아요.

- -

I had to hurry **because** I got up late.
저는 늦게 일어나서 서둘러야 했어요.

- -

careful 조심하는 | let me know 나에게 알려 주다 | ready to ~ ~할 준비가 된
| call back 다시 전화하다 | do not mind 신경 쓰지 않다

✎ 우리말에 맞게 빈칸에 when, if, because 중 알맞은 접속사를
써 보세요.

❶ Call me back _____ you have time.
시간 있을 때 다시 전화 주세요.

❷ _____ you have any questions, please contact us.
문의사항이 있으시면 저희에게 연락 주세요.

❸ Be careful _____ you cross the street.
길을 건널 때 조심하세요.

❹ _____ you don't mind, can we talk later?
괜찮다면 나중에 이야기해도 될까요?

❺ _____ you need any help, let me know.
도움이 필요하면 알려 주세요.

❻ I had to hurry _____ I got up late.
저는 늦게 일어나서 서둘러야 했어요.

❼ You can sit here _____ you like.
원한다면 여기에 앉으셔도 돼요.

❽ Please let me know _____ you're ready to order.
주문할 준비가 되셨을 때 저에게 알려 주세요.

❾ I went to see a doctor _____ I caught a cold.
감기에 걸렸기 때문에 진찰을 받으러 갔어요.

❿ I can't make it _____ I'm too busy.
저는 너무 바빠서 못 갈 것 같아요.

4 한 번 더 확인 ✦

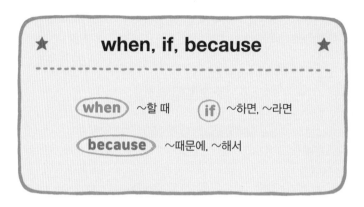

★ **when, if, because** ★

- -

when ~할 때   **if** ~하면, ~라면

because ~때문에, ~해서

🔈 배운 내용을 확인해 볼까요? 다음 문장을 영어로 말해 보세요.

> **1**
> 괜찮다면 나중에
> 이야기해도 될까요?

> **2**
> 시간 있을 때
> 다시 전화 주세요.

> **3**
> 저는 늦게 일어나서
> 서둘러야 했어요.

내일도 할꺼지?

정답 187쪽

Day 3 # whether[if], that

❙ 핵심 포인트 ✦☆

whether[if]와 that은 문장을 명사처럼 만들어 주는 접속사예요. 문장 앞에 whether[if]와 that을 쓰면 이 문장은 명사처럼 동사의 목적어로 쓸수 있습니다.

● **whether[if]** ~인지 아닌지

> ☆ 접속사 if는 두 가지 의미로 쓰입니다.
> ① ~이면, ~라면 ② ~인지 아닌지

Do you know + **whether[if]** this bus goes to the airport?
아시나요   이 버스가 공항에 가는지 아닌지

point 「whether [if] + 문장」을 목적어로 많이 쓰는 동사

ask whether[if] ~ ~인지 아닌지 묻다   wonder whether[if] ~ ~인지 아닌지 궁금해하다   know whether[if] ~ ~인지 아닌지 알다

● **that** ~라고, ~라는 것을, ~하기를

> ☆ 목적어로 쓰인 「that + 문장」의 that은 생략이 가능

I hope + **that** you'll have a nice trip.
바랍니다   여행 잘 다녀오기를

point 「that + 문장」을 목적어로 많이 쓰는 동사

know that ~ ~라는 것을 알다   believe that ~ ~라고 믿다   say that ~ ~라고 말하다   hope that ~ ~하기를 바라다   hear that ~ ~라는 것을 듣다   think that ~ ~라고 생각하다

2 문장으로 익히기 ✨

원어민 발음 듣기 9-3

 접속사를 잘 살펴보면서 응용 문장을 읽어 보세요.

I don't know **whether[if]** I can make it.
제가 갈 수 있을지 모르겠어요.

I wonder **whether[if]** he is OK. 그 사람이 괜찮은지 궁금해요.

Do you know **whether[if]** there is a bus stop nearby?
근처에 버스 정류장이 있는지 아세요?

They asked **whether[if]** the bus left.
그들은 버스가 떠났는지 물어봤어요.

I heard **that** the store closed today.
그 가게가 오늘 문을 닫았다고 들었어요.

She said **that** she lost her luggage.
그녀는 짐을 잃어버렸다고 말했어요.

I hope **that** you will get well soon. 곧 회복하길 바랍니다.

I can't believe **that** I will turn 40 soon.
내가 곧 마흔이 된다니 믿을 수 없어요.

We know **that** he did his best.
우리는 그가 최선을 다했다는 걸 알아요.

I wonder **whether** the train will arrive on time.
기차가 제시간에 도착할지 궁금해요.

nearby 근처에 | get well 회복하다 | do one's best 최선을 다하다

3 확인 문제 ✦

✎ 우리말에 맞게 빈칸에 that, whether[if] 중 알맞은 접속사를 써 보세요.

① I don't know _____ I can make it.
제가 갈 수 있을지 모르겠어요.

② Do you know _____ there is a bus stop nearby? 근처에 버스 정류장이 있는지 아세요?

③ They asked _____ the bus left.
그들은 버스가 떠났는지 물어봤어요.

④ She said _____ she lost her luggage.
그녀는 짐을 잃어버렸다고 말했어요.

⑤ I heard _____ the store closed today.
그 가게가 오늘 문을 닫았다고 들었어요.

⑥ I hope _____ you will get well soon.
곧 회복하길 바랍니다.

⑦ I wonder _____ he is OK.
그 사람이 괜찮은지 궁금해요.

⑧ I can't believe _____ I will turn 40 soon.
내가 곧 마흔이 된다니 믿을 수 없어요.

⑨ We know _____ he did his best.
우리는 그가 최선을 다했다는 걸 알아요.

⑩ I wonder _____ the train will arrive on time.
기차가 제시간에 도착할지 궁금해요.

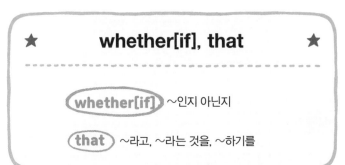

★ **whether[if], that** ★

- -

whether[if] ~인지 아닌지

that ~라고, ~라는 것을, ~하기를

🔊 배운 내용을 확인해 볼까요? 다음 문장을 영어로 말해 보세요.

1
곧 회복하길 바랍니다.

2
그 가게가 오늘 문을
닫았다고 들었어요.

3
그 사람이 괜찮은지
궁금해요.

작심삼일
극뽁!

정답 187쪽

Day 3 · whether[if], that 159

접속사를 학습한 당신,
이 정도는 말할 수 있다!

★ **상황 1**

낯선 도시를 여행 중인 당신, 버스를 타고 이동을 해야 하는데 버스 정류장을 찾을 수가 없네요. 현지인에게 근처에 버스 정류장이 있는지 아니냐고 물어볼까요?

➡

_____

★ **상황 2**

친구들과 저녁 모임 약속이 있는 당신, 아무래도 회사에 일이 많아 참석할 수 없을 것 같네요. 친구들에게 바쁘기 때문에 못 갈 것 같다고 말해 볼까요?

➡

_____

Do you know whether[if] there is a bus stop nearby?
/ I can't make it because I'm too busy.

작심삼일 시작하면서부터
내 몸에 영어의 피가 흐른다.

의문사

의문사란?

구체적으로 궁금한 것을 물을 때는 **의문문 앞에 의문사를 써서** 묻습니다. who(누가), what(무엇을), which(어느 것을), where(어디서), when(언제), why(왜), how(어떻게)가 의문사인데요. 의문사로 물어보면 **yes나 no로 대답하면 안 되고 질문에 맞는 대답**을 해야 합니다. 이제부터 의문사를 위한 작심삼일을 시작해 볼까요?

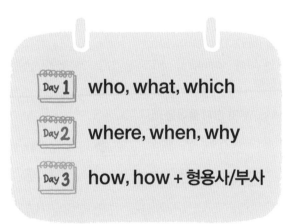

Day 1 who, what, which

Day 2 where, when, why

Day 3 how, how + 형용사/부사

두 번째 작심삼일

who, what, which

Ⅰ 핵심 포인트 ✼

의문사는 구체적으로 어떤 것을 물어보는지 나타낼 때 쓰는 말로 의문문
의 맨 앞에 위치한다는 점을 기억하세요!

의문사 ＋ **의문문**

● **who** '누구'인지 물어볼 때

> **Tip** 문장의 주어로 쓰이는 who, what
> ✓ Who **called me?** 누가 저를 불렀죠?
> ✓ What **happened?** 무슨 일 있었어요?

Who is this? (전화에서) 누구시죠?
-This is **Jack** speaking. 잭입니다.

● **what** '무엇'인지 물어볼 때

What do you want for dinner?
저녁으로 뭐 먹고 싶어요?

> **Tip** what + 명사: '무슨, 몇 ~'
> ✓ What **time** is it? 몇 시예요?

-I want **pizza**. 저는 피자를 먹고 싶어요.

● **which** '어느 것'인지 선택 사항을 물어볼 때

Which do you prefer, meat or fish?
고기랑 생선 중에 어떤 것이 더 좋아요?

> **Tip** which + 명사: '어느 ~'
> ✓ Which **one** do you like?
> 어느 것이 좋아요?

-I prefer **fish**.
저는 생선이 더 좋아요.

원어민 발음 듣기 10-1

 의문사의 의미를 잘 살펴보면서 응용 문장을 읽어 보세요.

Who should I talk to? 누구와 얘기해야 할까요?

Who knows? 누가 알겠어요? / 아무도 몰라요.

Who wants some coffee? 커피 드실 분?

What is the matter? 무슨 일이죠?

What size are you looking for? 어떤 사이즈를 찾으세요?

What did you do last weekend? 지난 주말에 뭐 했어요?

What would you like to have? 무엇을 드시겠어요?

Which is better, this or that?
이것 혹은 저것 중에 어떤 게 더 나은가요?

Which gate should I go to? 저는 어느 탑승구로 가야 하나요?

Which one is mine? 어느 것이 제 건가요?

---

know 알다 | want 원하다 | matter 문제 | look for ~ ~를 찾다 | last
weekend 지난 주말에 | better 더 나은 | gate 탑승구[게이트]

🖊 다음 우리말에 맞게 빈칸에 who, what, which 중 알맞은 것을 쓰세요.

1 _____ is the matter?
무슨 일이죠?

2 _____ knows?
누가 알겠어요? / 아무도 몰라요.

3 _____ is better, this or that?
이거랑 저거 중에 어떤 게 더 나아요?

4 _____ wants some coffee?
커피 드실 분?

5 _____ did you do last weekend?
지난 주말에 뭐 했어요?

6 _____ one is mine?
어느 것이 제 건가요?

7 _____ should I talk to?
누구와 얘기해야 할까요?

8 _____ would you like to have?
무엇을 드시겠어요?

9 _____ gate should I go to?
어느 탑승구로 가야 하나요?

10 _____ size are you looking for?
어떤 사이즈를 찾으세요?

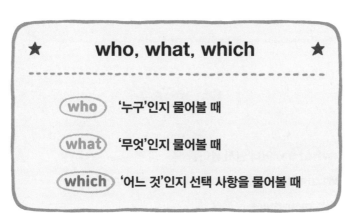

★ **who, what, which** ★

- -

(who) '누구'인지 물어볼 때

(what) '무엇'인지 물어볼 때

(which) '어느 것'인지 선택 사항을 물어볼 때

🔊 배운 내용을 확인해 볼까요? 다음 문장을 영어로 말해 보세요.

1
커피 드실 분?

2
지난 주말에
뭐 했어요?

3
저는 어느 탑승구로
가야 하나요?

조금만 더
화이팅!!

정답 188쪽 ▶

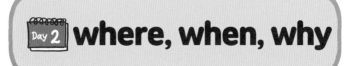

▌ 핵심 포인트 ✦✦

- (where) '어디'인지 물어볼 때

  Where is the taxi stand? 택시 승차장은 어디인가요?

  -It's **over there**. 저쪽에 있어요.

- (when) '언제'인지 물어볼 때

  When does the last bus leave? 막차는 언제 출발하나요?

  -**At 11:30 p.m.** 밤 11시 30분이요.

- (why) '왜'인지 물어볼 때

  Why are you late? 왜 늦었나요?

  -**Because I overslept.** 늦잠을 잤어요.

2 문장으로 익히기 ✿

원어민 발음 듣기 10-2

 의문사의 의미를 잘 살펴보면서 응용 문장을 읽어 보세요.

Where is the fitting room? 탈의실이 어디 있나요?

Where can I buy a ticket? 어디에서 표를 살 수 있나요?

Where are we? 여기가 어디지요? / 우리가 어디까지 이야기했죠?

Where does he live? 그는 어디에 사나요?

When is your birthday? 생일이 언제예요?

When is the next meeting? 다음 회의는 언제예요?

When will you come back? 언제 돌아오실 거예요?

Why did you lie to me? 왜 나에게 거짓말을 했죠?

Why do you look so tired? 왜 그렇게 피곤해 보여요?

Why is it so noisy outside? 밖이 왜 이렇게 시끄럽죠?

---

fitting room 탈의실 | meeting 회의 | come back 돌아오다 | lie 거짓말을 하
다 | look so tired 매우 피곤해 보이다 | noisy 시끄러운 | outside 밖에

✎ 다음 우리말에 맞게 빈칸에 where, when, why 중 알맞은 의문사를 쓰세요.

❶ _____ will you come back?
언제 돌아오세요?

❷ _____ can I buy a ticket?
어디에서 표를 살 수 있나요?

❸ _____ do you look so tired?
왜 그렇게 피곤해 보여요?

❹ _____ are we?
여기가 어디지요? / 우리가 어디까지 이야기했죠?

❺ _____ is your birthday?
생일이 언제예요?

❻ _____ is the fitting room?
탈의실이 어디 있나요?

❼ _____ is it so noisy outside?
밖이 왜 이렇게 시끄럽죠?

❽ _____ is the next meeting?
다음 회의는 언제예요?

❾ _____ did you lie to me?
왜 나에게 거짓말을 했죠?

❿ _____ does he live?
그는 어디에 사나요?

4 한 번 더 확인 ✰✰

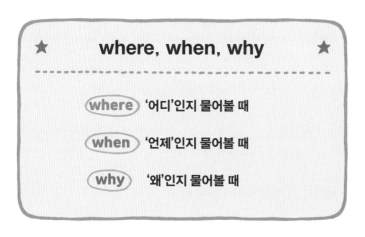

★ **where, when, why** ★

- -

(where) '어디'인지 물어볼 때

(when) '언제'인지 물어볼 때

(why) '왜'인지 물어볼 때

🔊 배운 내용을 확인해 볼까요? 다음 문장을 영어로 말해 보세요.

1
탈의실이
어디 있나요?

2
왜 그렇게
피곤해 보여요?

3
언제 돌아오실
거예요?

내일도
할거징?

정답 188쪽

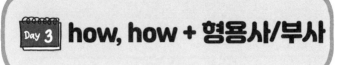

Day 3 how, how + 형용사/부사

✏ 핵심 포인트 ✶

how는 '어떻게'라는 의미로 쓸 수도 있지만 how 뒤에 형용사나 부사를 붙여서 정도를 물어보는 질문을 할 수도 있어요.

★ how '어떻게'인지 물어볼 때

How was your trip to New York? 뉴욕 여행 어땠어요?
-It was **great**. 좋았어요.

★ how + 형용사/부사 '얼마나 ~한지' 물어볼 때

How old 몇 살, 얼마나 오래된
How much (양) 얼마, 얼만큼
How many (수) 몇 개, 얼만큼
How long 얼마나 오래
How often 얼마나 자주
How far 얼마나 멀리

Tip How many/much + 명사

How many 뒤에는 셀 수 있는 명사의 복수 형태를, How much 뒤에는 셀 수 없는 명사의 단수 형태를 씁니다.
✓ How many **tickets do you need?**
표 몇 장이 필요하세요?
✓ How much **water do you drink?**
얼마나 많은 물을 마셔요?

의문사의 의미를 잘 살펴보면서 응용 문장을 읽어 보세요.

How is the weather today? 오늘 날씨가 어때요?

- -

How would you like to pay? 계산은 어떻게 하시겠어요?

- -

How do I look? 저 어때 보여요?

- -

How old is your baby? 아기가 몇 살이에요?

- -

How much is a round-trip ticket? 왕복표는 얼마예요?

- -

How many people are there in your party?
일행이 몇 분이시죠?

- -

How long does it take to get there?
거기까지 가는 데 얼마나 오래 걸려요?

- -

How long should we wait? 우리 얼마나 오래 기다려야 해요?

- -

How often do you drink coffee?
얼마나 자주 커피를 마시나요?

- -

How far is it to the airport? 공항까지 거리가 얼마나 되나요?

- -

weather 날씨 | would like to ~ ~하고 싶다 | look 보이다 | round-trip 왕
복 여행의 (round trip 왕복 여행) | there are ~ ~가 (여러 명, 여러 개) 있다 |
party 일행 | take (시간이) 걸리다 | get there (거기에) 도착하다

3 확인 문제 ✡✭

✎ **다음 우리말에 맞게 빈칸에 how 또는 how와 알맞은 형용사나 부사를 넣으세요.**

① _____ would you like to pay?
계산은 어떻게 하시겠어요?

② _____ is the weather today?
오늘 날씨가 어때요?

③ _____ _____ should we wait?
우리 얼마나 오래 기다려야 해요?

④ _____ do I look?
저 어때 보여요?

⑤ _____ _____ is a round-trip ticket?
왕복표는 얼마예요?

⑥ _____ _____ do you drink coffee?
얼마나 자주 커피를 마시나요?

⑦ _____ _____ is it to the airport?
공항까지 거리가 얼마나 되나요?

⑧ _____ _____ does it take to get there?
거기까지 가는 데 얼마나 오래 걸려요?

⑨ _____ _____ is your baby?
아기가 몇 살이에요?

⑩ _____ _____ people are there in your party?
일행이 몇 분이시죠?

4 한 번 더 확인 ✦

★ **how, how + 형용사/부사** ★

how '어떻게'인지 물어볼 때

how + 형용사/부사 '얼마나 ~한지' 물어볼 때

how + old, much, many, long, often, far

🔊 배운 내용을 확인해 볼까요? 다음 문장을 영어로 말해 보세요.

1
오늘 날씨가 어때요?

2
우리 얼마나 오래 기다려야 해요?

3
저 어때 보여요?

작심삼일 극뽁!

정답 188쪽

의문사를 학습한 당신,
이 정도는 말할 수 있다!

★ **상황 1**

여행 중 박물관을 들른 당신, 입장권을 사고 싶은데 매표소가 어디인지
찾을 수 없네요. 근처에 있는 직원에게 표를 어디에서 사냐고 물어볼
까요?

➡

★ **상황 2**

공원을 산책 중인 당신, 엄마와 함께 나온 아기가 귀여워서 말을 걸어
보고 싶네요. 아기 엄마에게 아기가 몇 살이냐고 물어볼까요?

➡

Where can I buy a ticket? / How old is your baby?

하기 싫어 죽을뻔 했는데 안 죽고 해냈다.
사람 그렇게 쉽게 안 죽더라?

★ 일반 동사의 현재형 3인칭 단수 변화

대부분의 동사	동사원형에 -s를 붙임 comes, sings, runs, likes, helps
-s, -ss, -x, -sh, -ch로 끝나는 동사	동사원형에 -es를 붙임 passes, mixes, washes, teaches
「자음 + y」로 끝나는 동사	y를 i로 바꾸고 -es를 붙임 cry → cries , study → studies

★ 일반 동사의 과거형 규칙 변화표

대부분의 동사	동사원형에 -ed를 붙임 called, asked
-e로 끝나는 동사	동사원형에 -d를 붙임 closed, liked, arrived, changed

-y로 끝나는 동사	① 자음 + y를 i로 바꾸고 -ed를 붙임
	   cry → cried, study → studied
	② 모음 + y: 바로 -ed를 붙임
	   play → played, enjoy → enjoyed

「단모음 + 단자음」으로 끝나는 동사	자음 하나 더 쓰고 -ed를 붙임 stop → stopped, drop → dropped

★ 일반 동사 과거 · 과거분사형 불규칙 변화표

동사원형(현재형)	과거	과거분사
be ~이다 (am, are, is)	was / were	been
become ~가 되다	became	become
begin 시작하다	began	begun
bite 물다	bit	bitten
blow 불다	blew	blown
break 깨지다	broke	broken
bring 가져오다	brought	brought
build 짓다	built	built
buy 사다	bought	bought
catch 잡다	caught	caught
choose 고르다	chose	chosen
come 오다	came	come
do 하다	did	done
draw 그리다	drew	drawn
drink 마시다	drank	drunk
drive 운전하다	drove	driven
eat 먹다	ate	eaten
fall 떨어지다	fell	fallen
feel 느끼다	felt	felt

동사원형(현재형)	과거	과거분사
fight 싸우다	fought	fought
find 발견하다	found	found
fly 날다	flew	flown
forget 잊다	forgot	forgotten
forgive 용서하다	forgave	forgiven
get 얻다	got	gotten
give 주다	gave	given
go 가다	went	gone
grow 자라다	grew	grown
have 가지다	had	had
hear 듣다	heard	heard
hide 숨기다	hid	hidden
hold 잡다	held	held
keep 지키다	kept	kept
know 알다	knew	known
lay 놓다	laid	laid
leave 떠나다	left	left
lend 빌려주다	lent	lent
lose 잃다	lost	lost
make 만들다	made	made
meet 만나다	met	met
pay 지불하다	paid	paid
ride 타다	rode	ridden

동사원형(현재형)	과거	과거분사
ring 울리다	rang	rung
run 달리다	ran	run
say 말하다	said	said
see 보다	saw	seen
sell 팔다	sold	sold
send 보내다	sent	sent
show 보이다	showed	shown
sing 노래하다	sang	sung
sit 앉다	sat	sat
sleep 자다	slept	slept
speak 말하다	spoke	spoken
spend 소비하다	spent	spent
stand 서다	stood	stood
swim 수영하다	swam	swum
take 타다	took	taken
teach 가르치다	taught	taught
tell 말하다	told	told
think 생각하다	thought	thought
throw 던지다	threw	thrown
understand 이해하다	understood	understood
wear 입다	wore	worn
write 쓰다	wrote	written

정답

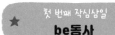
첫 번째 작심삼일
be동사

Day 1 be동사의 모양

3 확인 문제 ·········· 22

① am   ② are
③ is   ④ am
⑤ are   ⑥ is
⑦ are   ⑧ is
⑨ am   ⑩ are

4 한 번 더 확인 ·········· 23

(1) It's too expensive.
(2) I'm sorry.
(3) You're right.

Day 2 be동사의 뜻

3 확인 문제 ·········· 26

① ~이다   ② ~에 있다
③ ~이다   ④ ~에 있다
⑤ ~에 있다   ⑥ ~이다
⑦ ~에 있다   ⑧ ~이다
⑨ ~에 있다   ⑩ ~이다

4 한 번 더 확인 ·········· 27

(1) This is my bag.
(2) My car is over there.
(3) I'm 34 years old.

Day 3 부정문, 의문문

3 확인 문제 ·········· 30

① Are you upstairs?
② He is not a good singer.
③ Are you okay?
④ She is not talkative.
⑤ Is this on sale?
⑥ Is he nervous now?
⑦ This is not my bag.

4 한 번 더 확인 ·········· 31

(1) Are you upstairs?
(2) I'm not sick.
(3) Am I the only Korean?

두 번째 작심삼일
일반 동사

Day 1 일반 동사 긍정문

3 확인 문제 ·········· 38

① have   ② look
③ like   ④ studies
⑤ goes   ⑥ has
⑦ like   ⑧ works
⑨ cooks   ⑩ need

4 한 번 더 확인 ·········· 39

(1) I need a blanket.
(2) Tommy cooks well.
(3) He has a driver's license.

Day 2 일반 동사 부정문

3 확인 문제 ·········· 42

① don't   ② don't
③ don't   ④ doesn't
⑤ doesn't   ⑥ doesn't
⑦ don't   ⑧ doesn't
⑨ doesn't   ⑩ don't

4 한 번 더 확인 ········· 43

(1) We don't like this color.
(2) He doesn't work here.
(3) I don't care.

3 확인 문제 ········· 46

① Do   ② Do
③ Does   ④ Does
⑤ Does   ⑥ Does
⑦ Do   ⑧ Does
⑨ Does   ⑩ Do

4 한 번 더 확인 ········· 47

(1) Do you have a problem?
(2) Do you sell newspapers?
(3) Does Jane like spicy food?

3 확인 문제 ········· 54

① get   ② will leave
③ will buy   ④ worked
⑤ have   ⑥ will turn
⑦ were   ⑧ went
⑨ ate   ⑩ will arrive

4 한 번 더 확인 ········· 55

(1) The train will arrive soon.
(2) They were at home.
(3) I get up early.

3 확인 문제 ········· 58

① am looking   ② was having
③ is talking   ④ were waiting
⑤ is eating   ⑥ are drinking
⑦ was taking   ⑧ is raining
⑨ were watching ⑩ was reading

4 한 번 더 확인 ········· 59

(1) I'm looking for the train station.
(2) I was having dinner.
(3) Tommy is eating pizza.

3 확인 문제 ········· 62

① has been   ② have, decided
③ has lived   ④ Have, tried
⑤ has, left   ⑥ has visited
⑦ Have, been   ⑧ have missed
⑨ have watched ⑩ have lost

4 한 번 더 확인 ········· 63

(1) Have you ever been to Seattle?
(2) I have missed my stop.
(3) The bus has already left.

3 확인 문제 ········· 70

① use   ② Can you
③ must not   ④ leave
⑤ can   ⑥ will text

⑦ Will ⑧ transfer
⑨ pass ⑩ must stop

4 한 번 더 확인 ·········· 71

(1) You should transfer here.
(2) I will text you.
(3) Tommy will leave Seoul.

Day 2 can, may, will

3 확인 문제 ·········· 74

① Can ② can't
③ May[Can] ④ would like
⑤ may ⑥ will
⑦ May[Can] ⑧ Can
⑨ Will ⑩ Would

4 한 번 더 확인 ·········· 75

(1) May[Can] I sit here?
(2) I can't make it tonight.
(3) I will turn 30 next year.

Day 3 must, have to, should

3 확인 문제 ·········· 78

① 병원에 가보는 게 좋겠어요.
② 이 짐을 부쳐야 하나요?
③ 기다려야 하나요?
④ 주차는 여기에 하셔야 합니다.
⑤ 토미는 한국어를 잘하는 게 틀림없어요.
⑥ 저는 여기에서 환승해야 하나요?
⑦ 저는 헬스장에 등록해야겠어요.
⑧ 서두를 필요 없어요.

4 한 번 더 확인 ·········· 79

(1) Should I check in this luggage?
(2) You don't have to hurry.
(3) You must park here.

다섯 번째 작심삼일
문장의 구성

Day 1 목적어가 없는 문장

3 확인 문제 ·········· 86

① to the airport
② here
③ well
④ over there
⑤ a lot
⑥ at the cafe
⑦ to Jane
⑧ tomorrow
⑨ on the phone
⑩ in Seoul for 3 years

4 한 번 더 확인 ·········· 87

(1) He works here.
(2) I have lived Seoul in for 3 years.
(3) You can pay over there.

Day 2 목적어가 있는 문장

3 확인 문제 ·········· 90

① a bus ② my flight
③ you, a question ④ your pen
⑤ me, your ID ⑥ you
⑦ spicy food ⑧ me, a discount
⑨ a problem ⑩ me, the address

4 한 번 더 확인 ·········· 91

(1) I took a bus.
(2) May I ask you a question?
(3) I've missed my flight.

일곱 번째 작심삼일
동명사

Day 1 동사 + 동명사

3 확인 문제 118

① opening
② raining[to rain]
③ moving
④ telling[to tell]
⑤ eating
⑥ calling
⑦ watching[to watch]
⑧ trying[to try]
⑨ smoking
⑩ walking

4 한 번 더 확인 119

(1) You have to quit smoking.
(2) It started raining[to rain].
(3) I hate telling[to tell] a lie.

Day 2 전치사 + 동명사

3 확인 문제 122

① seeing   ② like
③ for   ④ moving
⑤ going   ⑥ for
⑦ having   ⑧ about
⑨ trying   ⑩ being

4 한 번 더 확인 123

(1) I'm looking forward to seeing you again.
(2) Thank you for helping me.
(3) What[How] about having lunch together?

Day 3 동명사 관용 표현

3 확인 문제 126

① spent, looking
② trouble quitting
③ worth reading
④ go shopping
⑤ help being
⑥ worth visiting
⑦ go hiking
⑧ help seeing
⑨ trouble catching
⑩ spent, buying

4 한 번 더 확인 127

(1) We will go hiking this weekend.
(2) I spent 100 dollars buying the ticket.
(3) She had trouble catching a taxi.

여덟 번째 작심삼일
전치사

Day 1 시간 전치사

3 확인 문제 134

① at   ② on
③ on   ④ at
⑤ at   ⑥ in
⑦ in   ⑧ at
⑨ in   ⑩ on

4 한 번 더 확인 135

(1) I was born in 1983.
(2) We like to go camping in summer.
(3) My flight departs at 2:30.

아홉 번째 작심삼일
접속사

(3) I wonder whether[if] he is OK.

열 번째 작심삼일
의문사

일러스트 뿡작가 ★

국민대학교 디자인대학원에서 석사 과정을 마쳤으며
현재 브랜드 콜라보, 디지털아이템, 전시, 출판 등
다양한 작품 활동과 강의를 하고 있습니다.

인스타그램 @321bboom
https://blog.naver.com/rem_ey

작심3일 10번으로 영어 끝내기

초판발행	2019년 1월 21일
초판 3쇄	2019년 8월 29일
저자	박지은
책임편집	이효리, 장은혜, 김효은, 양승주
펴낸이	엄태상
기획	양승주, 장은혜, 최미진, 이효리, 신명숙
디자인	권진희
조판	이서영
콘텐츠 제작	김선웅, 최재웅
마케팅	이승욱, 오원택, 전한나, 왕성석
온라인마케팅	김마선, 김제이, 유근혜
경영기획	마정인, 조성근, 박현숙, 김예원, 김다미, 전태준, 오희연
물류	유종선, 정종진, 최진희, 윤덕현, 신승진
펴낸곳	랭기지플러스
주소	서울시 종로구 자하문로 300 시사빌딩
주문 및 교재문의	1588-1582
팩스	(02)3671-0500
홈페이지	http://www.sisabooks.com
이메일	book_english@sisadream.com
등록일자	2000년 8월 17일
등록번호	제1-2718호

ISBN   978-89-5518-584-3 (13740)

상 장

작심완성 상   이름 : _____

위 사람은 매번 실패하는 사람들의
모범이 되어 작심삼일을 열 번이나
해냈으므로 이 상장을 수여합니다.

년 월 일

랭기지플러스

  작심3일 10번의 여정을 마친 스스로를 아낌없이 칭찬하세요!
점선을 따라 오려 나에게 상장을 수여해 보세요.